叢書・ウニベルシタス　1011

グローバルな複雑性

ジョン・アーリ
吉原直樹 監訳
伊藤嘉高・板倉有紀 訳

法政大学出版局

万物は流転する。

——ヘラクレイトス

時間は絶対的に規定されるものではない。

——アルバート・アインシュタイン

われわれは、ひとつの科学の誕生を目撃しつつあるのだ。その科学とは、もはや理想化され単純化された状況に制限されたものではなく、現実世界の複雑性と取り組む科学なのであり、われわれ自身、およびわれわれの創造力を、自然のあらゆるレベルに遍在する根本的動向の表現たらしめるような科学なのである。

——イリヤ・プリゴジン

諸要素は、それらの諸要素を統一体として用いているシステムにとってのみ諸要素なのであり、諸要素はこうしたシステムを通してのみ統一体なのである。

——ニクラス・ルーマン

われわれは、絶えず水が流れていく川のなかの渦巻きにほかならない。

——ノーバート・ウィーナー

ある帝国の権威を失墜させたいのであれば、その大聖堂を打ち壊すのが理に適ったふるまいだ。大聖堂は帝国の信頼の象徴であり、そして、大聖堂が瓦解し燃え上がれば、私たちは、帝国がさほど強大ではなく、自分たちも無事ではいられないことを教えられる。

——『タイム』二〇〇一年九月一二日号

目次

はしがき

一九九〇年代の頃を振り返ってみると、多くの人がそうであったように、私は、社会関係がある意味でしだいにグローバルなものになっているとする考えにすっかり魅せられていた。一九九〇年に出した『観光のまなざし』では、実に数多くの場所が、ありとあらゆる場所《ところ》から観光客を引きつけるためにグローバルな舞台で競い合わなければならなくなっていることをかいつまんで考察した（Urry 1990, 2001）。後の『場所を消費する』（Urry 1995）などの著作では、この世界的な舞台をかけめぐる人びとが他所の場所を消費するグローバルな消費者となっていること、そしてこのことが場所のありようを大きく変えていることを明らかにした。場所は、世界の舞台に上がっているのだ。

もっと広い視点からは、スコット・ラッシュとともに「組織的《オーガナイズド》な資本主義の終焉」なる命題を通してそうしたグローバルな変容を分析した。われわれが論じるところでは、資本主義は、ナショナルで社会組成的[1]な組織化のパタンからグローバルな「脱組織化《ディスオーガナイゼーション》」へとシフトしている（Lash and Urry 1987,

1994）。『記号と空間のエコノミー』（Lash and Urry 1994）では、数々の複雑かつ動的《モバイル》な経済が世界中をめまぐるしく駆け巡るようになっており、そうした経済は、諸々の記号によって成り立っているとともに、さまざまな記号のなかで働き、記号から逃れ、記号に取り込まれる人びとによって成り立っていることをみた。そうした記号や人びとがさまざまな「スケープ」に沿ってフローする度合いを強めることで、かつての組織化された資本主義社会がますます「脱組織化」することになるのである。つまり、ここには「社会的」なるものから情報通信的なるものへの動き、ナショナルな統治体制からグローバルな脱組織化への動きがみられるのである。こうした動的《モバイル》な記号経済によって、グローバルとローカルの境界線は複雑に引き直されている。われわれは、ローランド・ロバートソンが「グローカル化」と名づけたものに関連のある時間と空間の変容についてじっくりと考えてみたのである。

私は、一九九〇年代の後半に、フィル・マクノーテンとともに、ただひとつの「自然」なるものは存在しないと主張した（Macnaghten and Urry 1998）。自然について「自然なもの」は何もない。つまり、多種多様な『競い合う自然』があるのであって、そのひとつに「グローバルな自然」と呼べるものがある。この書では、ウルリヒ・ベックが「世界《グローバル》リスク社会」として描いたものの創発／出現のありようについて検討した。そしてとくに、英国の牛、ロースト・ビーフ、ＢＳＥ、新たな変異型ヤコブ病といった痛ましい物語が国際的に枝分かれして広がっていくさまを詳しく描き出した。

ここからさらに歩を進め、『社会を越える社会学』（Urry 2000b）では、社会学の根本を見つめ直すことになった。マニュエル・カステルの『情報時代』三部作（Castells 1996, 1997, 1998）にならって、この書ではグローバルなネットワークの創発が社会生活をその根底から変えていることを示した。社会生活は、もはや国民社会に囲い込まれたものとして捉えることはできない。種々多様な動的《モバイル》でグローバルなプロセスのスケール、範囲、深さを調べてみれば、社会の概念はひどく問題をはらんだものであることがすぐにわかる。『社会を越える社会学』では、そうした変容が社会学のありようの再考へとつながるであろうことを指摘した。それまでの社会学のほとんどは、「社会」の特性とその再生産を理解することを自らの礎石としてきた。そこで『社会を越える社会学』では、「社会学的方法の新しい規準」をさらに磨き上げることで、脱組織化やグローバルなフロー、さらに「社会的」なるものの失墜を問題にしようとしたのである。

　しかしながら、ほとんどの論者がそうであったように、以上の著作のいずれにおいても、「グローバル」なものの性質を十分に検討することはなかった。「グローバル」なものは社会生活に大きな変化をもたらし、「社会」を切り崩すものだと考えられていた。グローバルなものは、「ブラックボックス」として、つまりそれ自体が強力な特性を有するとされるデウス・エクス・マキナ〔筋書き上の困難に対して不自然で強引な解決をもたらすもの〕として、ほとんど手がつけられることがなかったのである。考えてみるに、誰にも十分に分析されてこなかったのは、グローバルなものはどのような「システム」なのかということだ。したがって、グローバルなもののシステミックな特性が「社会」をはじめとする他の存在の特性とどのように相互作用するのかに関する理解がきわめて限定的なものにとどまっていたのである。グローバルなものは、しばしば途方もない変動の「原因」であると同時にその変動の「結果」でもあるとみなされている。

　『社会を越える社会学』を書き上げた頃から、私は一部の社会科学で起きている複雑性科学の概念や理論を用いた展開に目を向けるようになった。そこで、経済学をめぐる議論、さらに経済学にとどまらない議論が見られた。複雑性が最初に展開されたのは経済学である（Arther 1994b を参照）。『社会を越える社会学』では、グローバル化する世界でとくに時間と空間がどのように変わりゆくのかを考えるなかで、複雑性のいくつかの要素を展開しようとした。しかし、いまや、社会科学における複雑性思考は、小さなせせらぎから大きなうねりへと変わりつつある。そこで、本書では、複雑性の要素をこれまでになくシステム論的に述べてみたいと思う。もちろん、学問上の境界を横断することで、粗野な単純化と誤った理解をもたらす危険性があることは十分に自覚している。本書の定式化は質的なものであり、カオスと複雑性の数理的処理を当てはめようとするものではない。

グローバル化を扱う社会科学は、グローバルなシステムを所与のものとして取り上げ、地域、地方、国民国家、環境、文化がどのようにしてこの全権全能の「グローバル化」によって線形的に変容するのかを示してきた。したがって、グローバル化（またはグローバル資本主義）は新しい「構造」とみられ、そこには、ネーション、地域、地方などの新たな「エージェント」が付け加えられる。通常の社会科学でみられる区分けを、グローバルなひねりを加えて用いているのである。

しかし、複雑性の概念では、グローバルなシステムは多様で、歴史的で、ばらばらで、不確実なものであることが明らかにされる。複雑性は、数々の創発特性がグローバルなレベルでどのように展開しているのかを検討するために欠かせない概念である。つまり、そうした創発的な特性は、十分に秩序づけられ平衡に向かうこともなければ、永続的なアナーキーに至ることもないのである。複雑性概念によって、グローバルなるものは、全能でもなければ社会のコントロールを受けるものでもないことがみえてくる。実際のところ、グローバルなものは単一の権力の中心などではない。グローバルなものは途方もなく複雑なシステム、すなわち一連の動的《ダイナミック》な複雑系〔2〕からなっていて、イリア・プリゴジンがより広い視点から主張しているように、無秩序の海のなかにある無数の秩序の島の集まりなのである。平衡状態へと進む動きを想定させるものはどこにもない。

さらに、私が本書を書き上げつつあるとき、かの九月一一日に遭遇した。そしてその血なまぐさい余波による数々の悲劇的な出来事によって、グローバルなものを線形的なものと捉える見方はどのようなものも根本的な限界があることがわかった。これらの出来事は、グローバル化がけっして完了したものではないことを証明している。グローバル化は乱雑なものであり、パラドクスと予期せぬものとで満ち溢れている。複雑で動的《モバイル》な接続が世界中を駆け巡っており、この接続は、多かれ少なかれ、強烈で、社会的で、「ネットワーク化」されており、大なり小なり「やや離れて」起きる。複雑な世界があり、それは、予測不可能であるが、不可逆で、恐れと暴力に満ち、無秩序でありながらも単なるアナーキーではない世界だ。そうしたシステムにみられるいくつもの小さな出来事は、けっして忘れ去られるものではなく、時間的、空間的に異なるまったく予想だにしない地点でふたたびその姿を現わす。本書では、こうした考え方を突き詰めていく道筋が、グローバルな複雑性なる概念をたどり行くなかで得られることを示していきたい。

また、「グローバルな複雑性」が意味するであろうものを突き詰めて考えていく際に、さまざまな同僚の助けを得た。とくに、フリチョフ・カプラ、ビュレント・ディケン、ミック・ディロン、アンディ・ホスキンズ、ボブ・ジェソップ、スコット・ラッシュ、ジョン・ロウ、ウィル・メッド、ミミ・シエラー、ジャッキー・ステイシー、ナイジェル・スリフト、シルヴィア・ウォルビーの各氏のお名前をあげておく。

ジョン・アーリ

ランカスター

グローバルな複雑性

凡例

一、本書は、John Urry, *Global Complexity*, Cambridge: Polity Press, 2003 の全訳である。
一、文中の（ ）および［ ］は原著者によるものである。
一、原文中の引用符は「 」で括り、大文字で記された文字等についても「 」で括った箇所がある。
一、原文中の（ ）および——で括られた箇所については、一部取り外して訳出した。
一、原文中でイタリック体で記された箇所は、原則として傍点を付した。
一、文中に訳者が挿入した語句および簡単な訳註は〔 〕で示した。
一、訳註は〔1〕というかたちで通し番号を記し、巻末に掲載した。
一、引用文献中で邦訳のあるものは適宜参照したが、訳文はかならずしもそれに拠らない。
一、邦訳の書誌情報はできる限り示した。複数の訳がある場合には、原則として最初のものを優先した。ただし、版が異なるときは、入手しやすいものを掲載した場合もある。
一、原著の明らかな間違いや体裁の不統一については、一部訳者の判断で整理した箇所がある。
一、索引は原著をもとに作成したが、一部訳者のほうで整理した部分がある。

第1章 「社会」とグローバルなもの

グローバルなものとは

私たちは、経済的、政治的、社会的な生活の一般的なありかたそのものが大きく変化してゆく未曾有の時代を生きており、今日その傾向はますます強まっているように思われる。これと似たようなことはおよそ一世紀前にも起こっており、そのときには時間と空間の次元の再構成がいくらか今日と相通じるようなかたちで見られた。すなわち、テクノロジーと組織上の新たなイノベーションによって、通信と長距離移動に時間の「圧縮」が見られたのである。一世紀前に時空間を変容させた重大なイノベーションとしては、電報や電話、蒸気船の旅、バイク、車やトラック、高層ビル、飛行機、大量生産型の工場、X線機器、グリニッジ標準時などがあげられる（Kern 1983を参照）。こうしたテクノロジー上のイノベーションと社会的なイノベーションとが組み合わさることで、人びとや場所を隔てていた時間と空間の次元そのものが劇的に再編制され、圧縮されることになったのである。

そしていまや、一世紀前とかなり似通った変化が生まれているようである。まず、一九九〇年代にインターネットがそれまでの他のいかなるテクノロジーよりも急速に成長した。世界規模でみれば、そのユーザーはやがて一〇億人に達するとされている。一日あたりの外国為替取引高は一兆四〇〇〇億ドルに達しており、その額は世界貿易の総額の六〇倍に相当する。また、「移動しながら《オン・ザ・ムーブ》」のコミュニケーションも変容している。新たに登場した携帯電話はいまや、世界中で従来の固定電話よりもありふれたものになっている。一年のあいだに七億件の国をまたがる旅がなされ、その数はほどなく一〇億件を超えると予測されている。マイクロソフトは「今日はどちらへ？」とたずね、「そこ」に行く道が数多くあることを教える。

同時に、何千万もの難民や亡命希望者が地球上を彷徨している。世界中に広がる三〇億人が得ている収入の合計は、世界で最も富裕な三〇〇人が得ている収入の合計と同じ額になっている。世界的《グローバル》なブランド企業はさまざまな国からスタッフを雇い、その予算は一国の予算よりもはるかに高い額になっている。また、宇宙から見た青い地球とかマクドナルド社の黄色いアーチといったイメージが世界中に立ちあらわれており、とりわけ約一〇億台のテレビ画面に映し出されている。そして、この「宇宙船地球号」を生み出し、支配し、監視し、恐怖におとしいれ、祭りたてようと、おびただしい数の公的組織と民間組織が生まれている。そのなかには約一万七〇〇〇の国境なき市民団体も含まれる。

このようにして、新たなテクノロジーによって数々の「グローバルな時間」が生み出されており、場所や人びとのあいだの距離が、ふたたび劇的に縮減されているかのようにみえる。論者のなかには、ヒト、機械、イメージ、情報、権力、カネ、アイデア、危険のどれもが、いうなれば「移動中」であり、それらが途方もない速さで場所から場所へ、時間から時間へと、予期せぬ方向に、旅するなかで、時間と空間が「脱物質化」している、と主張する者さえ出てきている。

さまざまな論者が、以上のような並外れた状況を捉えようとしてきた。アンソニー・ギデンズは、近代の社会生活を、制御不能な巨大な「ジャガーノート」がよろめきながら進んでいるようなものであると表現している（Giddens 1990）。ジャーナリストのフランシス・ケアンクロスは、種々のテクノロジーにより生み出されたとする「距離の消滅」についてことこまかに描き出している（Cairncross 1998）。ジグムント・バウマンは、近代世界が初期においてとっていた固定的で所与的な形状に対比させるかたちで、「液状化する近代《リキッド・モダニティ》」の加速する形態について論じている（Bauman 2000）。マニュエル・カステルは「インターネット・ギャラクシー」なるものの進展が、世界をまったく異なった情報構造に導いているとしている（Castells 2001）。マイケル・ハートとアントニオ・ネグリは、国民国家主権という観念は単一の権力システム、つまり彼らのいうところの〈帝国〉に置き換えられてしまったと主張し、物議をかもすことになった（Hardt and Negri 2000）。さらに多くの論者が実際には一〇〇年以上にわたって、いわゆる経済的、社会的、政治的な生活のグローバル化について論議を重ね詳述してきた。

本書では、さまざまな「グローバルな」過程が、社会学をはじめとする社会科学において社会生活の性質を捉えるために用いてきた大半のカテゴリーに対して、多大な影響をもたらしていることを示す。つまり、「グローバル化」について論じることで、既存の社会学の論点、たとえば、かたや社会構造、かたやエージェンシーのどちらが相対的に重要か、といった論点が変容することになる。グローバルなものを探究することで、人間的主体と物理的客体という強固な二分法はもちろん、物理科学と社会科学とのあいだの強固な二分法もまた融解することになる。グローバルなものを研究することで、従来の議論の多くが崩壊してしまうことになるのだ。また、グローバルなものの研究を、それとは無関係に進みうる既存の社会学的な分析に「付け足す」ことのできる余分な次元や領分にすぎないとはいえなくなっている。「社会学」は、所与の境界をもった「組織的な《オーガナイズド》」資本主義社会の研究に焦点を当てるような、一貫性を有した一定の言説体系としてはもはや存続しえなくなっている。社会学は不可逆に《イリバーシブル》変わりゆくものなのだ。

しかしながら、これまでのところ、グローバル化についての研究は、「グローバル」なものとその影響を記録し、地図化し、分類し、観察するという初歩的な段階にとどまっている（Castells 1996, 1997, 1998; Held *et al.* 1999; Scholte 2000 を参照）。グローバル化をめぐる新たな社会科学のパラダイムが世界的な広がりをもって展開されているが、しかし、いまのところは、どちらかというと「科学以前」の段階にある。そうしたパラダイムが焦点に据えているのは、社会組成〔2〕的あるいは国民国家的な「領域《リージョン》」とせめぎあい、その領域を凌駕すると考えられているグローバルな「領域」の性質である。つまり、グローバル化についての研究は、グローバルなものと各々の社会との一種の領域間競争を問題にしているのである。そして、こうした研究では、グローバルなものは抗いがたい唯一無二の因果力とみなされている。

グローバルなものを批判しているにしても、あるいは熱烈に支持しているにしても、そうした論においては、グローバル化に対して、非常に広い範囲に及ぶ事態の成り行きを規定してしまうような途方もない力が与えられている。さらに、「グローバル化」という言葉が用いられるときには、特定の過程（動詞の「グローバル化する《グローバライズ》」に由来するもの）を指すこともあれば、特定の帰結（名詞の「地球《グローブ》」に由来するもの）を指すこともある。いずれもグローバル化と称されており、「原因」であるとともに「結果」でもあるとされている（Rosenberg 2000）。

グローバル化についての分析を展開するために、ここでは、グローバル化に関する五つの主要な議論と主張について整理し、それぞれはっきりと識別するべきであることを示したい。グローバル化について衆目の一致した単一の命題はない。これら五つの議論はそれぞれ、構造、フロー、イデオロギー、パフォーマンス、複雑性の概念にもとづいている。本書では、それぞれの概念が随所で繰り返し言及されるが、なかでも複雑性の意味するものについて展開していく。また、本書は、グローバル化に対する複雑性によるアプローチを打ち出し、それを擁護する。このアプローチは、私が以前「脱組織的《ディスオーガナイズド》」資本主義と呼んだもののシステミックで動的な性格の委細を明らかにするものである。

構造的な観点からみたグローバルなもの

チェイス＝ダン、カワノ、ブルーアーの論じるところでは、グローバル化とは、ローカルなレベルやナショナルなレベルでみられる相互作用の密度に対して、インターナショナルなレベルとグローバルなレベルでみられる相互作用の密度のほうが高くなることである（Chase-Dunn, Kawano and Brewer 2000: 78; Castells 1996; Held *et al.* 1999; Scholte 2000 を参照）。そうしたグローバルなレベルでの相互作用の密度が極度に高まるとともに、構造的なグローバル化が進行することになった。けれども、このことは、単なるひとつの新たな現象ではない。相互作用の密度の高まりは、数多くの原因によるものとみられている。たとえば、世界貿易の自由化、多くの資本主義的生産組織体制の国際化、数々の商品の消費のグローバル化、輸送や通信費の削減などがあげられている。多地域にまたがる組織体制が、投資の国際化や「世界システム」の全般的な発展とともにいっそう重要になってきている。

以上の諸要因が組み合わさって、グローバルなものの密度の高まりと、ローカル／ナショナル・レベルのネットワークの相対的な弱さや密度の低さとのあいだに新たな構造的な関係性がもたらされている。グローバル化とは、個別のアクターや領土的な単位の特性ではなく、資本主義経済全体の創発的な特徴であり、この特徴は、さまざまなエージェント間の相互作用、とりわけ地球全体に及ぶ時間－空間の「距離化／差別化《ディスタンシエーション》」および時間－空間関係の新たな形態の「圧縮」を通して生じている相互連関から発現しているのである（Jessop 2000: 356）。そして、このことから、グローバル化する資本主義の「生態的優位」が立ちあらわれている[3]。

さらに、この優位は「トランスナショナルな資本家階級」の台頭に起因すると同時に、それを反映していると論じられている。それによるとこの階級は、「程度の差こそあるものの、グローバル化の過程を支配している」多国籍企業のなかで中核の位置を占めている資本家階級のことである（Sklair 2001: 5）。合衆国大統領候補のラルフ・ネーダーはこの見解を、「企業によるグローバル化」なる概念を用いて説明した。

フローと移動としてのグローバルなもの

グローバルなフローは、さまざまなグローバルな「スケープ」に沿って立ちあらわれているとみなされており、それらのスケープには、空路や海路、鉄道、高速道路などによるヒトの輸送システムも含まれている。郵送システムなどのシステムを介してモノが輸送され、また、電線やコアキシャル型ケーブルや光ファイバー・ケーブルを介して、電話のメッセージやテレビの画像、コンピュータの情報や映像が伝達されている。携帯電話でのやりとりにはマイクロ波の周波数帯《チャネル》が用いられている。また、電話、ラジオ、テレビの信号を送受信するために衛星も用いられている（Appadurai 1990; Lash and Urry 1994; Castells 1996; Held *et al.* 1999）。そして、こうした物理的および組織的なスケープの構造がひとたびできあがってしまうと、個人や会社、場所、さらには社会さえもが、そうしたスケープのノード（結節点）になろうとすると論じられている。

発展可能性を有するさまざまなフローが、以上のスケープに沿って起きている。たとえば、ヒトが仕事に行くため、学校に通うため、そして休日を過ごすために、輸送スケープに沿って移動している。会社や個人が送ったり受け取ったりするモノが、郵送システムなどの輸送システムに沿って移動している。また、情報、メッセージ、イメージがさまざまなケーブルに沿って衛星間をフローしている。メッセージは、こちらの携帯電話からあちらの携帯電話へと、マイクロ波の周波数帯に沿って移動している。

そして、こうしたスケープやフローは、新たなアクセス上の不平等を生み出している。ある特定の社会集団や町や社会といったものが、以上のようなさまざまなスケープとのつながりのなかで、「絶対的」ではなく「相対的」にどのような位置を占めるのかが重要になっている。スケープやフローは、情報や輸送の分厚い「トンネル」を通って、ある地域をとばして他の地域と結びついている。こうして、場所の時間的、空間的な距離が圧縮される一方で、他の場所の時間的、空間的な距離が引き延ばされているのである（Brumm and Leinbach 1991; Graham and Marvin 2001）。

イデオロギーとしてのグローバル化

多国籍企業とその代表者、さまざまな政治家、ジャーナリストによって、新自由主義寄りのイデオロギーが表明されている（Fukuyama 1992; Ohmae 1992 を参照）。多国籍企業は、世界規模で経営されており、多くの場合、特定の場所、労働者、あまつさえ社会に対して長きにわたって関わりをもたない。つまり、多国籍企業は、地球の至るところで資本主義を推し進めるという経済的な利害関心にもとづいて行動しており、グローバル化は不可避的で自然なものだと主張するとともに、国民国家やナショナルに編成されている労働組合は、グローバルな市場の不可避的な進行を規制したり管理したりすべきではないと主張している。いちばん重要であるとみなされているのは「株主利益」であり、したがって、労働市場はもっと柔軟《フレキシブル》なものになるべきであり、産業や国家における資本の投資ないし回収は、自由な意志によって行なうことができるようにすべきであるとされる。

こうした論のなかで、グローバル化は、新たな時代、すなわちコスモポリタンな「ボーダレス」の黄金時代をきり拓くものとみなされている。そして、ナショナルな国家や社会は、グローバルな情報のフローをコントロールすることができないと考えられている。社会、とりわけ国民国家は、世界を自分の「意のまま」にしようとする四万四〇〇〇社の特権に対し、歴史的にさまざまな制限や規制を課してきたが、上述したボーダレスな世界は、そうした制限や規制を乗り越える非常に大きな機会をもたらしているように思われる。ちなみに、そうした企業は一九六〇年代にはわずか七〇〇〇社であった（Scholte 2000: 86）。世界貿易機関（ＷＴＯ）は、こうしたイデオロギーとしてのグローバル化の新自由主義的観念を象徴的にあらわし、しかも新自由主義的な利害関心を代表し、しばしば、ビジネスリーダーや学者、および自由市場を信奉する政治家を対象とした非公開のセミナーを通じて、新自由主義的な観念を広めている（Monbiot 2000 による整理と批判を参照）。

パフォーマンスとしてのグローバル化

フランクリンらは、ジェンダーを、行動化《エンアクトメント》、プロセス、パフォーマンス[4]をともなうものとして分析するという考えにしたがって、グローバルなものは、他の効力《エフェクト》の「原因」であるというよりはむしろひとつの効力であると論じている（Franklin *et al.* 2000: 1-7）。グローバルなものは、達成されたものというよりも切望されるものとして、条件というよりも効力として、あらかじめ与えられたものというよりも達成されるべきプロジェクトとして規定される。つまり、グローバルなものは、それ自身の領野を自ら構成していくものとみられているのだ。グローバルなものは、さまざまな物質的、記号的な諸過程を介して、継続的に構成し直される。ロウとヘザーリントンによれば、「グローバルな空間は、物質的、記号的な効果であり、それは作られるものである」（Law and Hetherington 1999）。

そして、グローバルなものをパフォームするということは、グローバルな性格を有し、グローバルな性格を体現している現象をめぐって、多くの個人や組織の結集が見られ、そうした個人や組織が当の現象を演出するということである。それは、たとえば著しく危険にさらされた単独の「グローバルな自然」という観念が、どのように生み出され機能してきたのかをみることでよくわかる。かつては、別々のものにみえた数々の活動が、いまや自然界のただひとつのグローバルな危機を構成する相互に連結した諸要素とみなされている（Wynne 1994 を参照）。この「グローバルな自然」は、空間を作り変えるさまざまな社会的営為が融合した結果としてある。そうした社会的営為として、宇宙から見た地球の画像、とくに一九七二年に撮られたアポロからの「地球全体」の写真、交通政策、森林伐採、エネルギー利用、しばしばグローバルな脅威の標識になっているイコン的な環境についてのメディア映像、劇的な環境抗議運動、気候変動に関する科学論文、冷戦の終焉、NGOの運動、異常気象の記録、グローバルな公人による宣言、リオや京都で開かれたようなグローバルな会議などがあげられる。こうした営みが一体となって、「グローバルな自然」をパフォームしている。そして、この自然は、意欲的かつ系統的な抵抗なしには生じない変化、実際には反転なしには生じない変化にさらされているようにみえる。

グローバルな複雑性

グローバルな複雑性という概念はこれまで詳しく展開されていないが、リフキンは、「新しい物理学」と彼の呼ぶものが、新たな資本主義世界における財産関係を研究する際に有する意義を分析している(Rifkin 2000: 191-3. なお、Capra 2002も参照)。リフキンがいうには、現代の「科学」は、もはや何物をも「静的で、固定的で所与のもの」とみなすことはない。観察するものは観察されているものを変え、固くて動かないようにみえる実体は、つねにめまぐるしい動きによって構成されており、過程《プロセス》から切り離された構造は存在しない。とりわけ、時間と空間は現象の容れ物とみなされるのではなく、むしろ、あらゆる物理的、社会的存在は、時間を通して、そして空間を通して構成されているのだ。「グローバル化」に関する議論が示しているとともに強めている、これまでにない時空間の変容についてよりよく検討するために、以下では、「新しい物理学」から得られる如上のアイデアを深めていきたい。

いうまでもなく、複雑性概念によって、社会科学における問題がことごとく解き明かされるわけではない。同様に、グローバル化は、複雑性概念を通せばそれだけであますことなく理解できるものでもない。そして何よりも、ここで複雑性の「社会的」含意は明らかであると言おうとしているわけではない。しかし、グローバル化のシステミックな特徴が十分に理解されていないことを考え、本書では、複雑性の科学が、グローバルなものをひとつのシステムとして、もしくは連続する複数のシステムとして解き明かす道を拓く概念や方法を与えてくれる可能性があることを示したいと思う（「複雑性」のなかからの同様の定式化については、Capra 2002 を参照）。

「グローバル」なものと「複雑性」とをつなぎ合わせることの狙いは、「グローバル」なものが、平衡から遠く離れた特性やパタンを有する一連の創発的なシステムを構成していることを示すことにある。複雑性が浮き彫りにしているのは、さまざまなネットワーク化された時空間の経路があること、原因と結果のあいだにはしばしばはなはだしい不均整が生じること、予測不可能で不可逆的なパタンが社会的、物理的なシステムのすべてを特徴づけているようにみえることである。

この「新しい物理学」については、新たなグローバルな秩序に関して、これまで、最も重要な検討を行なったマニュエル・カステルの『情報時代』（Castells 1996, 1997, 1998）のなかにもみてとることができる。カステルの所論は、「複雑性」によるグローバルなものの概念化に依拠している。けれども、この複雑性概念は、カステルが取り上げている驚くほど多岐にわたる題材のなかに、やや埋もれてしまっている。ここで、カステルの議論の諸側面、とりわけ「ネットワーク」概念に関連する議論をまずはみていくことにし、その後で、「複雑性」の要素についてみることにしよう。カステルが焦点を当てているネットワークもまた、以下の分析において核となるからである。

ネットワーク社会

カステルの論じるところでは、さまざまな科学技術パラダイムが存在するが、それらは、相互に関連しあった技術、組織、管理上のイノベーションの集列によって構成されている（Castells 2000）。パラダイムの優位性は、構成要素間の相乗作用《シナジー》を通して設定された目標に到達する際の生産性の高さによって決まる。それぞれのパラダイムは、そのパラダイムに特有の基礎的な一連のテクノロジーを中心にして構成されており、それらが重なり合って相乗的な組み合わせをなすことで、当のパラダイムが打ち立てられることになる。

カステルは、情報／通信のテクノロジー（遺伝子工学も含む）が、一九七〇年代から一九八〇年代にかけてとりわけ北米で開花した新たなパラダイムの基礎をなすものとみている。この新たな情報パラダイムの主だった特性は、電子的に伝達される情報のビットが基礎単位となっている点にある。ほとんどあらゆる形式の人間の営みにとって、情報は不可欠なものになってきており、それゆえにこのようなテクノロジーが広く行きわたっている。複雑で時間的には予測不可能な情報的発展様式が、非常に種差的なローカリティのなかで分散的なかたちで生まれている。諸々のテクノロジーは、ゆるやかな基盤のうえに柔軟に変化するネットワークを通して編制されている。そして、こうしたさまざまなテクノロジーは、徐々に統合的な情報システムへと収斂している。このことはとりわけ、かつては別々のものであった生物工学とマイクロ電子工学において現われている。そして、このような情報システムにより、組織がリアル・タイムで「惑星規模《プラネタリー・スケール》」で活動することが可能になっている。こうした瞬間的な電子的インパルスは「無時間的な時間《タイムレス・タイム》」〔歴史的なコンテクストに影響されない瞬間的な時間のこと〕を生み出し、新しいスケープの展開に対する物質的基盤となっている。情報の瞬時的なフローがグローバルな関係の進展の前提条件となっているのである。

この新たな情報パラダイムを特徴づけるのが、ネットワーク型の事業である（Castells 1996, 2000, 2001を参照）。これは、会社ないし会社の部門から、そして／あるいは分社化から作られるネットワークである。大企業はネットワークとして内的に権限分掌されており、中小企業はネットワークのなかで結びつけられている。ここでのネットワークは、特定の事業プロジェクトが始まるとネットワーク同士で結びつき、そしてそのプロジェクトが終わると、別のネットワークへと接続先を替える。大企業は、製品、工程、時間、空間にあわせて提携やパートナーシップを変える戦略をとりながら活動している。さらには、これらの企業は、情報の共有にますます根ざしたものになっている。情報ネットワークは、その範囲内で供給者と顧客をひとつの会社を通してつないでおり、それゆえその会社は需要と供給を媒介する不可欠の存在となっている。ここでの生産過程の単位は、こうした事業プロジェクトなのである。

したがって、重要なのは、中心、権力の集中、垂直型ヒエラルキー、フォーマルないしインフォーマルな制度編成を意味するような「構造」ではない。むしろ、ネットワークが、「私たちの社会の新たな形態《モーフォロジー》を構成しており、ネットワーキングの論理が広がることで、生産や経験、権力、文化の及ぶ範囲と帰結が根本的に変わってしまう。……ネットワーク社会は、社会的行為に対して社会的形態《モーフォロジー》が優越することを特徴としている」（Castells 1996: 469）。ネットワークは、相互に結びついたノードの集合であり、社会的な立ち位置を示す距離は、ネットワークのなかでノードを構成するところでは短くなり、当のネットワークの外部にある場合は反対に長くなる。ネットワークは、新たなノードとの連絡を生み出し続けるかぎりにおいて、動的《ダイナミック》な開かれた構造になる（ibid.: 470–1; Castells 2000 も参照）。ネットワークは遂行能力を分散させ、意志決定を分かちあう。ネットワーク内にあるものは、そのネットワークの存立にとって、役立つとともになくてはならないものである。

ネットワーク内にないものは、それがネットワークの役割に関連していないならば無視されるし、それが目標や遂行能力という点で競合しているならば、除去されることになる。ネットワーク内のノードが役に立つ機能を果たすのをやめれば、そのノードはネットワークから取り除かれ、ネットワークは自らを組み立て直すことになる。あるノードは他のノードよりも重要であるが、いかなるノードもネットワーク内にあるかぎりは互いを必要としている。ノードがその重要性を増すのは、より多くの情報を取り込み、それをより効率的に処理することによってである。もし、あるノードの遂行能力が弱まれば、別のノードがその役割を肩代わりする。このようにノードの妥当性や相対的なウェイトはそのノード特有の特徴からきているのではなくて、ネットワークの残りの部分が当てにしうる能力からきているのである。こうした意味において、主要なノードは中心点ではなく切換点であり、この切換点は、全体の構造に対する自らの機能という点で、命令系のロジックよりもむしろネットワーキングのロジックにしたがうものである。

ネットワークは、人びとと事物とのあいだに、あらゆる時間と空間に広がる複雑で持続的なつながりを生み出している（Murdoch 1995: 745）。ネットワークはあらゆる時間と空間に広がるという点で優位性を確保している。なぜなら、「自分の力だけで人間の行為と言葉が遠くまで広がることはない」からだ（Law 1994: 24; Rycroft and Kash 1999も参照）。数々のネットワークは、離れた出来事や場所や人びとを、ある特定のノードに結集させる諸力、すなわち然るべき期間内で空間の摩擦を克服するさまざまな力を有している。カステルによれば、ネットワークを通して組み上げられている現象はいまや非常に多く、多様である。ちなみに、そうしたものとしてネットワーク型の事業（たとえば違法な経済活動）、ネットワーク化された国家（たとえばＥＵ）、市民社会にみられる幾多のネットワーク（たとえばグローバル化に抵抗するＮＧＯや国際的なテロリスト）などがあげられる。

　カステルによるネットワーク分析は、きわめて重要である。なぜなら、グローバルなものはひとつの完成し完結した全体であるというアイデアを打ち崩しているからである。カステルはまた、グローバルな現象に対する複雑性アプローチの先例となるような、多様なアイデアを用いている（簡潔なまとめとして、Castells 1996: 64–5を参照）。カステルのネットワーク分析は、偶発性や開放性や予測不可能性を強調し、「生命のウェブ」が「ネットワークのネットワーク」から成り立っているとカプラがいうものと相通じることを示唆している。カステルはまた、権力のネットワークがどのようにして抵抗のネットワークを生み出すかを重要視している。数多くの社会的営為が、複雑性の用語を用いれば「権力と抵抗のアトラクタ」[5]（Castells 1997: 362）に引き込まれているのだ。さらにカステルの論じるところでは、ネットワークの強度は、自己組織的でしばしば短期間なものであるその性格に由来するのであって、ウェーバーが分析したような古い形態の合理合法的な官僚制にみられるような集権的、ヒエラルキー的な指揮系統に由来するものではない（Rycroft and Kash 1999; Rifkin 2000: 28を参照）。とりわけカステルは、一九八〇年代におけるパーソナル・コンピュータの発展が、ソヴィエト連邦の国家官僚制の仕組みに及ぼした「無秩序までに」破壊的な影響について明らかにしている。このウェーバー的な官僚制は、代々、粗末なコピー機の利用さえも含めて、あらゆる情報フローを統制してきた。しかし、パーソナル・コンピュータが予測できないままグローバルに広がることで生じた情報上の影響によって、この統制は完全にかわされることになったのである（Castells 1996: 36–7; 1998: ch. 1）。

カステルはさらに、インターネットを規制しようとする試みが必ず失敗するであろうと述べている。なぜなら、アメリカ人の三名の裁判官が記しているように、「インターネットの力がカオスであるのと同じように、われわれの自由の力は、修正第一条によって保護される自由な言論のカオスと不協和音《カコフォニー》に立脚したものである」からだ（Castells 1997: 259）。ヒエラルキー型の国民国家の弱さは、「グローバルな違法経済活動」の進展とともに違法資金が途方もなく移動し、それに錬金術が施されるといった事態（マネーロンダリング）のうちにみてとれる。違法資金はグローバルなスケープを駆け巡り、しばしば露見を免れているからだ（Castells 1998: 201–3. このカネの動きの一部は別の国民国家体制《レジーム》によって作り出されている）。このグローバルな違法経済活動、さらにいえばグローバルなテロリズムは、グローバルな秩序を平衡にはほど遠い離れた状態にしている。このなかで、国民国家は、とくに移動する移民集団の市民的自由に対して攻撃することでこのような移動に対応し、グローバルな犯罪は多くの社会における民主主義政治をだめにしている。カステルはまた、情報資本主義の「ブラックホール」、すなわち、下方に向かう不可逆のスパイラルや渦のなかへと人びとや場所を引きずりこむような時空間の湾曲の場について述べており、そうしたスパイラルや渦から逃れることはできないとしている（ibid.: 162）。

カステルは後にみるプリゴジンの議論と同様に、グローバルな世界はひとつの時間ではなく、自らがいくつもの時間《マルチプル・タイム》と呼ぶものによって特徴づけられるとしている。それは、大量生産工場のクロックタイムであり、コンピュータの無時間的時間《タイムレス・タイム》であり、自然環境にみられる氷河の時間《グレイシャル・タイム》である（Castells 1996: ch. 7; 1997: 125; Urry 2000b: ch. 5）。

しかしながら、カステルの大作には、こうした非常に多岐に及ぶ現象をシステム論的に理解させてくれるような相互に関連した概念群がない。グローバルなものはむしろ当然のものとみなされたままであり、ネットワーク化された「グローバル」レベルにおける諸々の創発特性を分析するために必要な一連の理論的な語彙が用意されていないのだ。とりわけ、カステルの議論では、「ネットワーク」概念があまりに多くの理論的な役割を負わされてしまっている。ほとんどすべての現象が「ネットワーク」というひとつの画一的なプリズムを通して考察されている。そして、この概念によって、ネットワーク化された現象の多様性が覆い隠されてしまっている。すなわち、マクドナルドのようなヒエラルキー状のネットワークからヘテラーキー状でまったくまとまりのない「路上抵抗運動」までと、空間的に隣接した日々顔を合わすネットワークから想像上の「遠くの文化」をめぐって組み上げられるネットワークまでが、ひとつにされてしまう。そして、強い紐帯にもとづいたネットワークから非常に重要で広範にわたる「弱い紐帯」に根ざしたネットワークまでがひとつにされてしまう。さらには、まったく純粋な「社会的」ネットワークから基本的には「物質的」に構造化されたネットワークまでが、ひとつにされてしまうのである。これらはすべてネットワークであるのだが、ネットワークの機能という点でみれば、まったく異なったものなのである。

さらにいえば、ネットワークという概念では、グローバル資本主義の有する種々の移動、たとえばインターネットにみられる移動に関わる権力についての非常に複雑な知見が明らかにならない（ただし、インターネットについては、Castells 2001 を参照）。移動と権力はいまや、分かちえないほどに絡み合っており、ネットワークの概念は、グローバルな創発の諸パタンにみられる驚くばかりのパラドクスや不確実性、不可逆性を矮小化してしまう。グローバルなネットワークの交合に関してカステルは素晴らしい検討を行なっているが、複雑性科学にみられる題材、概念、議論は十分に展開されぬままになっている。

複雑性の課題

以上みたように、「グローバルなもの」については、これまで数々の著作や論文のなかで書き記されてきたものの、十分には理論化されてこなかった。そこで、本書では複雑性理論に目を向ける。この複雑性理論は物理科学や生物科学をほぼ一変させているが、いまや、より一般的にいって社会科学の新たなパラダイムへと発展する可能性を有するものとして立ちあらわれている。

先端科学的な複雑系研究センターのうちのひとつに数えられる、ニューメキシコ州のサンタフェ研究所に籍を置く「非線形」科学者たちは、複雑適応系がグローバルなものの性質、とりわけグローバルな持続可能性というアイデアの理論化に対してもつ意義を明らかにしてきた（Waldrop 1994: 348–53）。さらに、米国に拠点をおくグルベンキアン財団社会科学改革委員会は、イマニュエル・ウォーラーステインが委員長を務め、非線形科学者のイリア・プリコジンが参加しており、「自然」科学も「社会」科学も「複雑性」によって特徴づけられるものとみることで、両者の区分を取りはらうことを提唱してきた(Wallerstein 1996)。同委員会によれば、複雑性は、「人文科学を機械学的なものと考えるのではなく、むしろ自然を能動的で創造的なものと考える」ことにつながり、ひいては「自然法則」を「出来事、新奇性、創造性の観念と両立」させるものである(ibid.: 61, 63)。そして、「非平衡性を有する動力学《ダイナミクス》に基礎をおく科学的分析は、いくつもの未来、分岐と選択、歴史依存性、そして……本来的かつ内在的な不確実性を強調」するものであって、この分析が社会科学のモデルとなるべきであるとされ、それによって、人間と自然、社会科学と自然科学の二分法の土台が崩れるとされる。けれども、最も驚かされるのは、この委員会がグローバル化の研究について言及していないことである。グローバルなものは、間違いなく創発的で不可逆的な複雑性をその特徴とし、社会的であると同時に自然的でもある過程をその特徴としているにもかかわらず、そうなのである。

　本書の各章では、カオスと複雑性の理論における概念と理論が、グローバルなものの性質と直接的にどういう関係があるのかを示すことにしたい。具体的には、あるシステムの構成要素がどのようにしてその動的《ダイナミック》な相互作用を通して、「自発的に」集合的な特性ないしパタン(たとえば色彩)を生み出しうるのかを、複雑性概念を通して探究していきたい。こうした集合的な特性やパタンは、個々の構成要素に少なくとも同じかたちで内在しているようにはみえない。複雑性によって取り上げられるのは、創発特性、すなわち、ある種の振る舞いにみられるが、どういうわけかその振る舞いを作り上げている要素にとどまらない規則性である。複雑性は、還元主義、すなわち、全体を部分に還元することに対して異議を唱えるものである。そして、そうすることで、複雑性は、平衡から遠く離れた構造[6]や不可逆的時間、非ユークリッド型の動的空間《モバイル》についての科学的な理解を変えている。さらには、正のフィードバックがシステム内の初期応力をどれほど増幅させ、そして、もともとの平衡をふたたび確立するために衝撃を吸収することをどれほど不可能にしてしまうのかということが強調される。正のフィードバックが生じるのは、変化の傾向が弱められるときよりも、むしろ増幅されるときである。そうしたシステムの部分では非常に強い相互作用が起きており、そこには、結果を寸分の狂いもなく「統御《ガバン》」し生み出す中心的なヒエラルキー構造はみられない。そして、こうして生み出される結果は、不確実かつ不可逆のものとみなされることになる。

このことを表わすもうひとつの方法は、いかに社会生活がつねに達成と失敗がひどく混ざり合ったものとなっているのかを複雑性によって描きだせると論じることである。社会科学は、たいていの場合、ある行為者もしくはシステムの目標や目的がうまく達成されることを前提としている。社会学は「社会生活がうまくいく可能性にただただ身をゆだね、その可能性を信じるばかり」である。つまり、社会学が私たちの注意の目を向けさせる社会的世界とは、「たいていの場合、相対的にみて問題なく働く実践、プロジェクト、過程といった言葉で概念化される世界である」(Malpas and Wickham 1995: 38)。そのため、失敗とは「異常であり、システム内の一時的な機能停止」であり、つねにあることというよりも例外的なものであるとされる (ibid.: 38)。このように、社会学 (より一般的にいうと社会科学) によって探究されるシステムが存在するとともに、失敗や機能停止も存在するのである。一方か他方という思考がここにはみられる。つまりは、二元論である。

とはいえ、社会生活は「相関的な失敗」とでも呼べるもので満ちあふれている。個々の目標というレベルでも、とりわけ社会システムのレベルでもそうである。失敗は「不完全性の必然的な帰結」であり、そうしたシステムに関わる複雑な集合体を完全に統制し維持しえないことの必然的な帰結なのである（Malpas and Wickham 1995: 39–40）。このことはよく知られているものの、社会科学では、意図せざる結果という概念を通して捉えられる傾向にある。意図されたものは、意図せざる副作用を有するとみなされ、この副作用が、意図されていたと思われるものからシステムを遠ざけるとされる。けれども、これは、相関的な失敗に対する限定的で多くの場合個別的な定式化の方法であり、こうした副作用と呼ばれるものがいかにして当のシステムのシステミックな特徴となりうるのかを明らかにするものではない。複雑性の概念を援用することで、システムとその失敗という二元論的な考えを打ち破くことができるようになる。システムのなかでカオスと秩序はつねに内的に関連しているのである。

こうした議論にかんがみて、以下、グローバルなものの創発レベルの検討をおこなう。すなわち、グローバルなシステムは明らかに、奇妙かつ予期せぬかたちでカオスと秩序を結びつけているようにみえる。そして、グローバルなシステムは、単に社会に相当する別の領域《リージョン》でもなければ、すでにある差異や何らかの支配的な要素から生み出されたり、そうしたものに還元できるものでもない。諸々のグローバルなシステムは相互に依存しあったものとして、そして、自己組織的で創発的な特性を有したものとして捉えることができる。さらには、非線形的な動的《モバイル》で予測不可能な一連の「グローバルなハイブリット」が、つねに「カオスの縁」にあることを検討することができる。これらのハイブリッドは、二一世紀に特有の社会学とその理論の主題を構成するものである。そうしたグローバルなハイブリットの例としては、情報システムや自動車移動、グローバル・メディア、世界通貨、インターネット、気候変動、海洋、健康被害、世界規模での社会的な抗議運動などがあげられる。社会学は、開かれたシステム（開放系）を扱うものであることを自認してきた。しかし、どこまでも多様な時空間スケールで作動する、相互に依存しあった流動的なグローバルなハイブリットが拡がっていくことで、分析対象となっているシステムの開放性や複雑性に量子飛躍[7]が生み出されており、システムはつねにカオスの縁にあって成功と失敗とを結びつけているのである。

さらには、現代の社会－物理的な現象は、紛れもなくネットワーク化されてはいるものの、そうした現象を単にネットワークとみなすべきではない。カステルの「ネットワーク社会」概念は、諸々のグローバルな過程にひそむ動的《ダイナミック》な特性を捉えていない。そこでは「ネットワーク」はあまりにも画一的な言葉として用いられている。そうしたネットワークの動的《ダイナミック》かつ創発的なつながりを特徴づけ、世界規模の接続が織りなす緻密な連環性《リレイショナリティ》を明らかにするには、ネットワークとは異なる示差的な用語群が必要になってくる。

とりわけ、本書では、システムの可動範囲を考えた場合に、多くのシステムの軌道がどんなふうに時とともに、複雑性の用語でいうところの「アトラクタ」に向かって引き寄せられていくのかを検討したい。「グローカル化」というストレンジ・アトラクタは、つぎのように展開される。すなわち、このアトラクタは、グローバリゼーションが深まればローカリゼーションが深まり、そしてそのことがグローバリゼーションを深める……といった並進的な過程をともなう。グローバルなものとローカルなものはともに、動的《ダイナミック》で不可逆のつながりを通して結びついており、莫大な資源のフローが引き寄せられ、この二つのあいだで前後する。グローバルなものもローカルなものも、片方がなければ存在することはできないのである。いまある社会も含め、実に多様な社会的かつ物理的な現象が、「グローカル」なものへと引き寄せられており、それは共棲的で不可逆の不安定なつながりの組み合わせのなかで発展している。本書では、いわゆる、グローバルなレベルとローカルなレベルの両方が、無数の反復を通じて変容し、その無数の反復は、時とともにこのグローカルなアトラクタに向かって不可逆に引き寄せられ、このアトラクタを通して作り直されていくものであることを示したい。

おわりに

ここまで論じてきたように、「グローバル時代」を適切に分析するには、ネットワーク、帝国、市場、脱組織化といったような単一の過程に還元できない観念や、そうした過程を通じては説明できない観念の数々を検討することが必要である（Rescher 1998）。もっと正確にいえば、グローバルな秩序化はあまりにも複雑であるために、単一の概念や一群の過程を通して「知る」ことのできるものではない。実際のところ、グローバルな秩序化は認識論的にも存在論的にも不可知であり、そのため、把握しようと試みることが、探究の対象となっている当の世界を変えてしまうことになる。けれども、思考におけるメタファーの力を考えれば、そうしたグローバルな秩序化に関連する複雑な諸過程を表象するにあたって複雑性科学が有益であることを判断するために、複雑性に由来する諸概念を問い返すことになるだろう。

　そこで本書では、複雑性によって一連の問題をどの程度明らかにすることができるかについて論じていきたい。まず第一に、創発的なグローバル・システムといったものが存在するのであろうか。アウトプットがインプットをもたらし、グローバルなモノ、アイデンティティ、制度、社会的営為からなる循環システムができあがるというように、時とともに自己生産的になりうる「グローバルなもの」の創発的なシステムは、どのように発展していくのであろうか。

第二に、そのようなグローバル・システムの力と射程はどれほどのものであるのか。そうしたシステムが「社会システム」に対していかなるインパクトを与えているのだろうか。

第三に、モノと社会関係の「非人間的な」組み合わせ、いいかえれば、私が「物質世界」と呼ぶものをともなった、時間の経過とともに反復を通して再生産されるそうしたシステムの特性とはどのようなものであろうか。

第四に、多くの場合、平衡にはほど遠く、時間とともに不可逆に展開し変化するグローバルな「システム」を、とくに、大きな影響力を有する小さな出来事（逆もしかり）と比較して、どのように想定すべきであろうか。

最後に、個々の「社会」の内部で、また個々の「社会」を通して作用すると通常みなされてきた社会秩序という社会学的問題に対して、「グローバルな複雑性」が意味するのはどのようなものであろうか。システムがつねに「カオスの縁」にあり、さまざまな時間を経て作用し、いくつもの空間を越えて作動する多様で交合的な物質世界を通じて、社会的な秩序化はどのように創発するのか。文化が「離れて」作用するところでも社会組成的な秩序化はみられるのだろうか。

以上の問いと問題は、別のところで「移動の社会学」（Urry 2000a）として述べ、提唱したものの論拠となるものである。次章では、とくに複雑性への転回という難題に目を向けることにする。

第2章　複雑性への転回

はじめに

本章では、複雑性科学として知られるようになっているものにみられる主要な特徴について、詳しくみていく。ただし、ここでは数理的な説明には踏み込まず、カオス理論、非線形、複雑性をひとつのパラダイムとみなすことにする。つまり、実際には終わりがなく、気まぐれに進展し続け、自己組織化している一連の科学を強引に確定する（Thrift 1999 における、「複雑性」についての「複雑性」による説明を参照）。

とはいえ、ここでは、物理的世界から社会的世界への、複雑性の単なる「転移」を提案しているわけではない。というのも、複雑性は、ハエの数であろうと企業の数であろうと人口であろうと、動的《ダイナミック》なシステムの特性を有するあらゆる現象を分析してみせるからである。実際に、この分野で中心的な位置を占めるサンタフェ研究所の重要な業績は、経済集団に対する収益逓増[8]の結果を取り扱ったものである（Arthur 1994a; Waldrop 1994）。このように複雑性は、見かけの由来はどうあれ、統計学的確率を示すあらゆる集団《ポピュレーション》の物理的性質を扱う以上、単なる「物理的世界」の理論にはならない（Prigogine 1997: 5, 35. それゆえに、こうした自然主義的な動きに対するP・スチュワートの批判［Stewart 2001］は見当違いである）。

さらにいえば、いわゆる社会科学が目下扱っている有意な現象のほとんどは、実際のところ物理的かつ社会的な諸関係のハイブリッドであり、物理的なものないし社会的なものの純然たる組み合わせによるものではない。たとえば、健康、テクノロジー、環境、インターネット、道路交通、異常気象などもそうしたハイブリッドに含まれる。こうしたハイブリッドのほとんどが、諸々のグローバルな関係を扱う分析の中心に位置している。そして、その最も的確な検討のためには、相互に依存しあう物質社会的世界、すなわち「非人間的」な世界に対する複雑性分析を展開することが求められる。複雑性によってこれらの動的《ダイナミック》な相互依存関係を検討することで、グローバルなハイブリッドの創発特性を的確に理解することができるのである。「社会的」なものと「物質的」なものとの境界は、それ自体、社会史的な産物であり、そしていまや、その境界は溶解しつつあるようにみえる。そして、複雑性科学は、自然と社会、自然科学と社会科学といった旧来の境界を越えるうえで最良の手段を与えているように思われる（Knorr-Cetina 1997; Macnaghten and Urry 1998 を参照）。

本書では、決定論と自由意志説の境界も含め以上の境界を越えようとするとともに[9]、そうすることで、カプラが最近の労作（Capra 2002）のなかで社会的世界を複雑な生きたシステムとして理論化していることと相通じる主張を展開するつもりである。具体的には、平衡点からしばしば予測不可能かつ不可逆に動くさまざまな「グローバル・システム」の非線形的な統計特性を追究していくことになる。複雑性分析においては、独立したエージェントも決定論的な法則もないことが想定される。すなわち、決定論も及ばなければ自由意志説もかかわらない中間的な領域があるのだ。

時間と空間

たいていの社会科学は、自分たちは歴史的現象を論じるのに対して、物理科学は非歴史的な無時間的現象を論じるものだと考えている。この節では、二〇世紀の科学が物理的世界の時間理解を一変させてしまったことをみていきたい。物理科学と社会科学は、いまでは、似たような歴史的時間の概念を用いているようだ（Adam 1990）。『生命の織布《ウェブ・オブ・ライフ》』のなかで、フリッチョフ・カプラは、自然は「人間のようなものであることがしだいにわかってきている――つまりは、予測不可能で、周りの世界に鋭敏で、小さな揺らぎにも影響される存在である」と論じている（Capra 1996: 187）。このことからは、物理的世界の分析と社会的世界の分析のあいだに、著しい相互依存、類似、重複、収斂があることが読み取れる（Prigogine 1997; Capra 2002; ポスト構造主義の立場からは、Cilliers 1998; Rasch and Wolf 2000）。予測ができないからといって、自然主義的な科学の説明が無効になるわけではない（P. Stewart 2001: 328–9）。予測不可能ではあるが、それでも変に秩序だったものに対する「科学的な」説明が、複雑性によって認められることになるのだ。

一九世紀以前の科学は、ニュートンに由来する時間観にもとづいて作動していた。ニュートンは、自分が絶対時間と呼んだものについて、つぎのように述べた。「外部のものと無関係に、それ自体でそれ自身の性質により均等に流れる。……絶対時間の流れは変化を免れる」（Adam 1990: 50 の引用）。こうした絶対時間の考え方は不動のものであり、時間は空間的単位に無限に分割でき、長さで測ることができ、数で表わすことができ、可逆であるとされてきた。この時間は、根源的には空間とみなされた時間である。つまりは、物体が空間次元に沿って進むことができるように、前にも後にも進むことのできる不変の測定可能な長さでできているデカルト空間のようなものであるとみなされているのである。そして、物体は、絶対的な時間と空間の次元のなかに収められ、そうした次元に沿って一列に並んだものとみなされることになった。

歴代の社会科学は、この自然的時間と、社会的時間としてしばしば理解されるものとは根本的な違いがある、と主張してきた。しかし、社会科学が社会的時間としてはっきり限定したもののほとんどは、いまでは物理的世界の理解においてもまったく普通のものとなっている（Adam 1990）。社会科学がとくに時間の「人間的な」面とみなしたものは、いまや、二〇世紀物理科学における時間の特徴をなしているのである。

アインシュタインは、その参照系から独立した不変の、絶対的な時間が存在しないことを明らかにした。アインシュタインは、時間を観察と測定の系《システム》の局所的で内的な特性であると捉えた。時間は、どこで、どのように測られるかによって違ったものとなる。客観的で絶対的な時間の測定などは存在しない。時間は伸びることも縮むこともある。さらに、アインシュタインは、時間と空間は互いに切り離されたものではなく、質量の影響を受けて湾曲した四次元時空に融合したものであることを証明した（Coveney and Highfield 1990）。このことからはさまざまな帰結が得られており、たとえば、過去が未来に追いつく可能性や時間旅行の可能性などが取りざたされている。『タイムマシンをつくろう！』のなかでポール・デイヴィスは、ユーモアあふれるかたちで、いわゆる「ワームホール」に下がって時間を旅することの論理的可能性について解説している（Davies 2001b）。

時間と空間は、このようにいままでは、さまざまな条件にしたがって偶然移動する物体の入れ物とはみなされない（Casti 1994; Capra 1996; Prigogine 1997）。科学哲学者のA・N・ホワイトヘッドは、二〇世紀物理学によって、時間と空間が客体と主体の関係の外側に位置するという考えが否定されることになると考えた（D. Harvey 1996: 256–61）。ホワイトヘッドが論じるには、時間と空間は、物理的世界と社会的世界それ自体が影響を及ぼす過程の内部にあり、しかも両世界の支配力そのものの展開をうながす。こうした見方は、ひとつの時間ではなくいくつもの時間が存在するという命題につながり、さらに、そうした時間はいわば流れているという命題につながる。ベストセラーとなった『時間の小史』〔邦題『ホーキング、宇宙を語る』〕のなかで、ステファン・ホーキングはつぎのように要約している。「空間と時間は、いまや動的《ダイナミック》なものとなっている。物体が動くか、あるいは力が働くかすれば、空間と時間の湾曲にその効果が及ぶ――そして、逆に、こんどは時空の構造が物体の動き方と力の作用のし方に影響を与える」（Hawking 1988: 33）。

量子理論は、一般的にいって電子が特定のパタンに落ち着く前に起こりうるあらゆる未来を、どうも一瞬のうちに試してしまうらしいとする仮想状態を描いている[10]。量子の作用は瞬間的で、同時的で、予測不可能である。部分間の相互作用は、部分自体よりもはるかに重要である。ボームは、これを踊り子のいない踊りの発現と称している（Zohar and Marshall 1994 を参照）。個々の部分よりも部分間の相互関係が根幹をなしている分割不可能な全体の埒内にあっては、原因と結果という古くからの概念はもはやあてはまらない。たしかに、機械論的、還元主義的な思考で理解されるような部分といったものはまったくない。関係だけがあるのである。すなわち、カプラの表現を借りれば、「物自体は関係のネットワークであり、より大きなネットワークに埋め込まれている。……関係こそが本源的なのだ」(Capra 1996: 37)。連環性《リレイショナリティ》がここでのキーであり、本書ではしばしばこの概念に立ち返ることになるだろう。

時間生物学〔生体内の周期的現象に関する研究〕もまた、人間社会だけが時間を経験したり時間を通して自らの生活を組織化したりするのではなく、個々の生物、そして生物とその環境との関係においても律動性《リズミシティ》が決定的な原理となっていることを示しているのである。人間を含む動物はそれ自身が「時計」であるようにみえる。動植物は、二四時間サイクルで自らの機能を調整する時間システムを有している。近年の研究は、計時機能をもつ遺伝子の存在を明らかにしている。生物学的時間はこのように、加齢を意味するだけではなく、時間的《テンポラル》で、動的《ダイナミック》で、周期的な性格をもつものとして描かれる。生きものの変化には、生成と律動性の概念がかかわっている。そういうわけで、アダムはつぎのように論じる。「過去・現在・未来といった歴史的時間、時間の質的経験、『未分化の変化』をエピソードとする構造化、これらはすべて自然科学の主題に欠かせない時間の側面として認められている」(Adam 1990: 150)。そして、それらは社会的世界に限定されるものではけっしてないのである(Prigogine 1997 も参照)。

より一般的にいうと、熱力学は時間に不可逆な流れがあることを示している。古典物理学で想定されるような時間対称性と時間の可逆性があるというよりもむしろ、過去と未来ははっきり区別されるのである。時間の矢は、開放系において、時間の経過とともに組織化の低減に加えて乱雑さ、無秩序性の増大をもたらす。こうした無秩序性の増大ないし正のエントロピーの増大は、熱力学の第二法則[11]に起因するものである（Coveney 2000）。

しかし、ただ単に無秩序性が増大していくわけではない。プリゴジンは新たな秩序がどのように生じるのかを示している。もっとも、プリゴジンが示しているのは平衡から遠く離れた秩序〔訳註6を参照〕である。プリゴジンが散逸構造、すなわち、無秩序の海における新たな秩序の島と呼ぶものがあり、これは、より大きな全体的なエントロピーを犠牲にして自らの秩序を維持したり、その秩序を強めたりする。プリゴジンは、こうした局所的な秩序がどのようにして「無秩序のなかで浮かぶ」（Capra 1996: 184 の引用）のかを描き出している。非平衡状態こそが、以下にみるように、新たな秩序の源となるのである。たとえば、水や空気の乱流は混沌としているようにみえるが、非常に組織化されたものである。渦流浴槽のなかの物体は渦巻き漏斗へと連続的に流れていく。システムは組織的に閉じられており、平衡どころではないにしても、安定した形状を維持している。このように、継続的な流れと「当面の」構造的安定性という矛盾した組み合わせがみられる。より一般的には、プリゴジンとスタンジェールが『混沌からの秩序』のなかで、時間の「不可逆性こそが……混沌から秩序をもたらす」と論じている（Prigogine and Stengers 1984: 292; Prigogine 1997: 164–73 も参照）。

この重大な時間の不可逆性を最も明確に示している例が、およそ一五〇億年前に起きた「ビッグ・バン」という他に類のない出来事に続く宇宙の拡大である（Coveney and Highfield 1990）。いまでは、先在する原因をもたない「ビッグ・バン」によって宇宙が始まったと考えられている。ビッグ・バンの科学的発見と、時間を可逆かつ決定論的であり、「一群の現象」を含むものとみる物理世界の法則をいっしょくたにすることはできない。ビッグ・バンは、よく知られている宇宙のなかで起こる他に類のない一回限りの現象である。このように自然法則は歴史的なものとして扱われるようになっており、普遍的なものではなくなっている（Davies 2001a）。

さらに、時間と空間の現象そのものも歴史的である。ビッグ・バンは、みたところでは、まさしくその瞬間に空間と時間を創り出しているようである。それまでに空間と時間は存在していなかった。すなわち、「自然界の起源を説明しようとする試みはどんなものであれ、またしても空間と時間がいかにして生まれたのかを説明するはめに陥る」（Davies 2001a: 57）。したがって、ビッグ・バンの前にはいかなる「時間」も存在せず、そして、宇宙が別の無二の出来事によって終焉するときがあるとすれば、そのときには時間（と空間）もまた止まるであろう。空間と時間は、自生的に創生された、宇宙の全体に及ぶ性質の一部であるようにみえる。時間と空間は、予測不可能でしかも不可逆にみえる量子変化を通して、突然スイッチを入れられた状態になるのだ（Hawking 1998; Coveney and Highfield 1990; Casti 1994）。

物理的世界には、不可逆性を示すありふれた例が数多くみられる。たとえば、コーヒーはつねに冷め、生物はつねに年をとり、春は冬の後に訪れる。そして、後戻りすることはかなわず、放出した熱がふたたび吸収されることはなく、若返りすることもできず、冬の前に春が訪れることもない。エディントンが指摘するように、「時間について重要なことは、それが進みゆくものであることだ」（Coveney and Highfield 1990: 83 の引用）。時間の矢ないし流れは、不安定で、相対的に予測不可能で、さまざまな発展可能性のある未来をもたらす。時間は不可逆であるが、いくつもの時間があり、そして予測不可能である。プリゴジンは、「確実性の終焉」について語っているが、それは複雑性科学が「決定論的世界と偶然性だけからなる恣意的世界という二つの縁遠い描像」とプリゴジンが呼ぶものを乗り越えているからである（Prigogine 1997: 189）。複雑性は、このように決定論と偶然という二分法だけでなく、自然と社会、存在と生成、安定と変化といった二分法も斥けている。物理系が、不変の構造安定性を示したり維持したりすることはない。複雑性科学は、あらゆる物理的、社会的現象――カウフマンによれば、進化そのものも含む（Kauffman 1993）――において秩序とともに無秩序がいかなるかたちで存在するのかについて、その委細を明らかにしている。

　このように複雑性によって諸々のシステムは「カオスの縁」にあるものとみなされる。つまり、秩序とカオスは一種のバランスがとれた状態にあり、そこでは、システムの構成要素が場所にしっかりと固定されているのでもなければ、無法状態へとすっかり瓦解しているのでもない。カオスは完全に無法なランダム状態にあるのではないが、前述した動的《ダイナミック》なシステムはどのようなものであれ、ある種の「整然たる無秩序」がみられるのだ（Hayles 1991, 1999 を参照）。

創発特性

　時間の流動性がもたらすさらなる帰結は、過去のちょっとした変化が現在ないし未来にもしかすると多大な影響をもたらすかもしれないということである。そのような小さな出来事は「忘れ去られる」ことはない。とりわけカオス理論は、原因における大きな変化だけが結果でも大きな変化をもたらすという常識的な思考を斥けている。完全に決定論的な一連の法則にしたがって、予測不可能ではあるがパタン化した結果が生じることがあり、そこでは時として小さな原因が大きな影響を生み出し、また大きな原因が小さな影響をもたらす。その古典的な例が、一九六一年にローレンツが偶然に発見したバタフライ効果である。すなわち、ある場所の非常に小さな変化が、三元の非線形微分方程式によってモデル化されるとして、理論仮説上の、仮想の翼がパタパタと動く最初の地点から時間的／空間的にみて遠く離れたところで、非常に大きな気象影響をもたらしうることが示された[12]（Casti 1994: 93–4; Maasen and Weingart 2000: 93–4）。そういうわけで、当該の方程式の解は、初期条件の指定に非常に敏感なのである。

この点をもっと単純化していうと、何かしらの出来事の原因と結果のあいだには一貫したつながりが存在しないということになる。むしろ、変数間のつながりは非線形的で突然の転換が起こる可能性があり、したがって、同じ「原因」から、ある特定の状況下でまったく異なる種類の結果が生じることにもなる。カプラは、物理的世界の多くがいかに「非線形性」によって特徴づけられるかについて述べている。「非線形的な現象は私たちが考えている以上に非生命世界の多くを支配しており、生きたシステムのネットワーク・パタンの本質面をなしている」（Capra 1996: 122）。昆虫のコロニーの個体群の大きさに関する実験は、しばしば小さな変化を通じて出生率と超過密のコロニーに劇的な非線形的変化が起こることを示している（Casti 1994: 93–4 を参照）。時間とともに、昆虫の個体数は、平衡点に向かういかなる動きもみせることなく劇的に増え減少していく。

とはいえ、西洋社会には、これまで「単一の中心的支配者を想定するような説明が好まれる〔歴史的な〕傾向がみられた。そうした説明は……包括的で相互作用的な説明よりも自然で概念的にわかりやすいようにみえる」（Fox Keller 1985: 155）。しかし、結局のところ、納得させることになるのは、システム全体の「相互作用で結びついた複雑な」性質を捉える説明である（ibid.: 157）。複雑性は、そのような個体群と、その創発的かつ動的《ダイナミック》で自己組織的な全体的な特性を扱う物理学を探究するものである（Prigogine 1997: 35）。そのようなシステムは不安定である。ある種のエージェントがひとつの限られた結果を生み出すことはめったにない。干渉や変動は、当該のシステム全体に多くの可能性を有する（時として副作用として知られる）結果をもたらすことにもなる。プリゴジンは、これらのシステム効果を「不規則でカオス的な運動の世界」と説明している（ibid.「システム効果」については、Jervis 1997 を参照）。

非線形や複雑性の概念には、以下の三つの重要な仮定が含まれている。第一に、出来事や現象の「原因」と「結果」のあいだに必然的な比例関係は存在しない。第二に、個別の分析と統計的な分析とのあいだに必然的な等価関係は存在しない。つまり、個々の特徴となりうるものは、一般的に、統計レベルないしシステム・レベルにおいて当てはまるものとは大きく異なる。第三に、統計上ないしシステム上の結果は、個々の構成要素を合計した結果とは異なる。ほかの何ものかが存在しており、これが一般に創発として知られているものである（Jervis 2008: ch. 2）。

以上の点は、砂山というわかりやすい事例によって説明することができる。砂山が目の前にあるとして、一粒の砂をその頂上に置いてみよう。[13] すると、考えられるのは余分な砂粒（「原因」）は頂点にとどまるか、そこから小さななだれが起こるかのいずれかであろう。この砂山のシステムは「中心的支配者」が存在せずに自己組織化されており、しかも、ある局所的《ローカル》な変化は非常に多様な影響を及ぼすものとなっている（Cilliers 1998: 97）。つまり「自己組織化臨界」がみられ、砂山は臨界的な高さにおいて自らを維持しているのである（Waldrop 1994: 304–6）。あるローカルな作用の結果がどのようなものになるのかを予測することは不可能である。同じ「原因」が、微視的な結果をもたらすこともあれば全域《グローバル》的な結果をもたらすこともある。

こうした考え方の中心にあるのが「創発」という観念である。それは、あらゆる種類の現象には集合的な特性がみられるというものである。コーエンとスチュワートの言述によれば、そこには「何かしらのかたちでおのれの構成要素を越えるような、振る舞いの規則性のようなものがみられる」（Cohen and Stewart 1994: 232; Byrne 1998: ch. 3 も参照）。それは、合計がその部分部分のサイズよりも大きくなるというのではなく、その部分とは何かしら異なるシステム効果が存在するということである。複雑性は、システムの構成要素がそれらのあいだの相互作用を通して「おのずから」集合的な特性ないしパタン（これには色のような単純な特性さえも含まれる）をいかに創り出すかについて追究するものである。ちなみに、そうしたこの特性は、個々の構成要素のなかに（少なくとも一様に）内在しているようにはみえない。

たとえば、砂糖の味は、砂糖を構成する炭素や水素、酸素原子では感じられない。マヨネーズのこの上ない味感は、そのありふれた具とまるで違ったものである（Capra 1996: 28; Cilliers 1998）。ジャンボ・ジェットの部分部分は、信じられないほど複雑に組み合わさって連関し、「飛行機」が飛ぶことを可能にする創発特性を生み出している。これらはみな、上述の動きをかたちづくる非常に多くの個別の構成要素にはみられないか還元できないような、めざましい非線形的な結果である（Jervis 1997）。

こうした大規模なパタンないし特性は、当該の現象の微視的な動力学から創発しているものの、その力学に還元できるものではない。たとえば、ガスは均一な実体ではなく、量子力学の法則にしたがう原子の雑然たる運動からなる。ガスを支配している法則は、個々の原子の性質に由来するものではなく、その統計的なパタンに由来するものである（Cohen and Stewart 1994: 232–3）。統計パタンは個々の構成要素と異なっており、また個々の構成要素に還元することもできない。ここで鍵となるのが連環性《リレイショナリティ》の問題であり、それはボーム流にいえば、踊り子がいないも同然の踊りの問題である。

また、あるシステムが制御変数のわずかな変化が原因で、ある特定の閾値を超える場合に転換が起こり、創発的な特性が転換する可能性が生まれる。こうして、液体はガスに変わり、比較的温暖な気候が前触れもなしに氷河時代へと移行する（Cohen and Stewart 1994: 21; Byrne 1998: 23）。卓抜した非線形科学者であるグレゴアール・ニコリスのまとめによると、非線形システムでは、「二つの基本的な動きを互いに加え合うことで、構成要素間の協同性の始まりを示すような劇的な新しい影響をもたらすことができる。ここから生まれる可能性のある予想外の構造と出来事の特性は、その根底をなす基本法則の特性とはまったく異なることもある」（Nicolis 1995: 1–2）。

さらには、「線形性の罠」が存在する（I. Stewart 1989: 83）。実際、統計学者はこれらの複雑で創発的な特性に気づいているが、「非線形的なものの抑制」を考慮すれば、こうした特性は通常、いわゆる相互作用効果として言及され、還元される。しかし、バーンが指摘しているように、このことは「複雑性が相互作用という言語のなかにしまい込まれる」ために問題をはらんでいる（Byrne 1998: 20）。この相互作用効果を詳しくみるとともに、複雑性の錠を開けるために、さらなる概念が必要である。とくに、物理システムと実際上の社会システムとを特徴づけている種々の複雑な「相互連関《インターコネクション》」を抽出するために、さらなる概念が求められる。

アトラクタ

いかなる所与のシステム内でみられるパタン行動の創発も、詳しくみてみると、アトラクタから生じている。動的《ダイナミック》なシステムが、時間とともにポテンシャル空間ないし位相空間のすべての可能な部分を動くのではなく、ごく限定的な部分を占めるとすれば、それはアトラクタから生じるといわれる[14]（Capra 1996: ch. 6）。最も単純なアトラクタは点であり、たとえば、振り子の摩擦をともなう自然な揺れがあげられる。この単純なシステムは、たったひとつの点であるアトラクタに到達する。比喩的に、「座標系の中心の定点が軌道を『引きつける』」と表現されることもある（ibid.: 130）。

やや複雑な例としては、家庭用の中央温熱システム（エアコン）があげられる。ここでは、アトラクタが、ひとつの点ではなく、規定の温度の範囲で構成されている。この関係は線形でなく、負のフィードバック・メカニズムと呼ばれるものとかかわりがある。負のフィードバックは逸脱を最小限にし、温度の規定の幅を維持し続ける。温度が何度になるのかを正確に予測することはできないが、アトラクタを構成する温度幅にとどまるということだけは予測できる。トポロジカルにみれば、このアトラクタはドーナツのようであり、効果的な負のフィードバック・ループによってシステム内の規定の範囲につねに温度が戻し続けられる、平衡に近いシステム〔訳註6を参照〕である。これは境界のある自己制御システムであり、負のフィードバックが決定的な位置を占める。バーンは、これがフォーディズムの社会科学研究と共振しているとしている（Byrne 1998: 28を参照）。アトラクタと一連のフィードバック・メカニズムは、いわゆるフォーディズム社会を何十年ものあいだドーナツの輪のなかで選択可能な範囲内に保ち続け、そのような社会が当該のシステムの境界を越えてさまようことを許さなかったのである。

しかし、ある種の複雑系においては、「ストレンジ・アトラクタ」というものがみられる。ストレンジ・アトラクタは、動的《ダイナミック》なシステムの軌道が無数の繰り返しを通じて引きつけられていく不安定な空間である。ここで重要なのが、時間とともに起こる正のフィードバック・システムであり、それはシステムを平衡点から遠ざける可能性をもつものである（Byrne 1998: 26–9）。ストレンジ・アトラクタの空間は境界内で確定せずにあいまいなままであるか、さまざまな境界を組み合わせたものであるかのいずれかである。

この動的《ダイナミック》な不安定性はバタフライ形のローレンツ・アトラクタをみればよくわかる（Capra 1996: 133の二次元の描出を参照）。こうしたアトラクタは、生み出される結果でいうと、その初期条件におけるわずかな変化に非常に敏感に反応する。こうして、「分岐点における制御パラメータの値のほんのわずかな違いが、システムが二本のまったく異なる軌道のどちらにおさまるのかを決定する」（Byrne 1998: 28）。そして、反復が再三再四起こって、不安定で予測不可能なパタン化した無秩序が生ずるが、この過程は数学的にモデル化することができる。しかし、たとえ決定論的な法則が関わっているにしても、アトラクタの軌道がそのような空間を通過するかどうかを予測することは不可能である。より近年の科学は、そのようなストレンジ・アトラクタの形成過程ないしトポロジーを特徴づけようとしている。非線形システムにおける反復によって、トポロジカルには、「パイこね変換」としてよく知られている、一種の伸ばし折りたたみの繰り返し効果が生み出される（Capra 1996: 132）。これらのアトラクタは、一九七〇年代初期以降にはじめて可能となった複雑な数学的処理法とコンピュータ化された大量の計算法を前提としたものである。

時間と空間におけるアトラクタのパタン形成にとって中心をなしているのが、さまざまな種類のフィードバック・メカニズムである。第二次世界大戦後のメイシー会議の後援による初期のサイバネティクス研究は、負のフィードバック・ループの重要性を浮き彫りにした。負のフィードバック・ループは、検討中であったシステムのホメオスタシス機能を回復する効果を有していた[15]。そうした円環的因果律を有するシステムは、負のフィードバックを通して平衡と安定性の再確立をもたらす情報の処理をともなっていたのである。

しかし、後の複雑性や非線形といったシステムの定式化のなかで、正のフィードバック・ループが検討の対象になった。正のフィードバック・ループはシステムの初期応力を増幅させるものとしてみられており、これによって、システムは衝撃を緩らげ、当初の平衡を再確立することができなくなる（サイバネティクスの歴史に関しては、Hayles 1999を参照）。非常に強い相互作用がシステムの部分のあいだで起こり、結果を「支配」できる中心的なヒエラルキー構造は存在しない。正のフィードバックが起こるのは、変化の傾向が弱まるときではなく強まるときであり、他方、負のフィードバックは、サイバネティクスの中央温熱システム（エアコン）にともなって起こるものである。

正のフィードバックの社会科学への応用は、ある産業全体ないし活動全体で起こりうる収穫逓増の経済学的、社会学的な分析においてみることができる。収穫逓増によって形成される不可逆の経路依存のなかでは、偶発的な出来事が長期の決定論的特性を有する画一的なパタンをもたらす（Mahoney 2000: 507）。それを示すひとつの例は、私有の「鋼鉄・ガソリン」自動車が一九世紀の最後の一〇年間に発達し、当時好まれていた他の代替となる燃料、とりわけ蒸気と電力に対して著しく優位を占めるようになるまでの道程である（Motavalli 2000）。ガソリンによる自動車の「経路依存」が確立され、「動かぬもの」となったのである[16]。

複雑性理論は、一般にシステムを不安定な散逸構造として分析している。散逸構造は、熱力学的に開かれており、その環境から大量のエネルギーを取り込み、同時にそのエネルギーを構造複雑性の増大へと変えることができる（Reed and Harvey 1992: 360–2）。散逸構造のようなシステムはまた、高次の残余熱をその環境へと散逸させる。

こうした散逸的なシステムは、自らの振る舞いと将来の経路が予測不可能になる分岐点にたどり着き、そこで、新たな高次秩序、さらに分化した構造が創発するだろう。散逸構造には、非線形性、時間の流れ、システムとその環境の未分化、さらには、システム平衡から離れた新たな秩序をオートポイエーティックに再創発する能力がみられる（Capra 1996: 89, 187）。システムは、分岐点を過ぎたところで、それまでよりも複雑な構造に自らをふたたび秩序化できる能力を身につけるようにみえる。

マトゥラーナとヴァレラは、よく知られているように、こうしたシステムがオートポイエーティック、すなわち自己形成的であるとする考えを展開した（Maturana 1981; Mingers 1995）。オートポイエーシスには、生きたシステムが自己制作ないし自己生産のプロセスをあわせ持つという発想が必要になる。オートポイエーシスにみられる生産過程のネットワークにおいて、各々の構成要素の機能はそのネットワークの他の構成要素の生産ないし変形に与している。こうして、ネットワークは自らを制作していくようになる。ネットワークはその構成要素によって生み出され、そしてつぎには、その構成要素を生み出すのである。生きたシステムでは、その作用の産物がそれ自体の組織となっており、そこでは、システムの作用する変域を指定し、自己制作するシステムそのものを規定する境界が立ちあらわれる（Capra 1996: 98; Hayles 1999: ch. 6）。

　オートポイエーシスは、非線形のレーザー理論にもみられ、そこでは、必要とされる放射の調整が、現在進行形の自己組織化プロセスを通じてレーザー光自体によってなされると考えられている（Capra 1996: 91–2）。オートポイエーシスは、都市の成長のありようにもあてはめることができる。たとえば、同じエスニシティを有する人びととともに暮らしたいというような個々人の関心にみられる局所的《ローカル》でささやかな選好が、アメリカの大都市の特徴である非常に隔離された居住区をもたらすことにもなる。[17]クルーグマンの論じるところでは、居住のパタンはランダムな揺らぎを前にして安定することはない。「局部限定的な相互作用が大規模な〔自己組織的〕構造をつくりだしうるのだ」（Krugman 1996: 17）。もっと視野を広げると、社会科学では、ルーマンが社会システムの長期的な機能を扱うために、オートポイエーシスの意味するところを最も詳しく述べている。

　ここまでは、複雑性科学の鍵となる概念のいくつかについて論じてきた。そして、物理的世界と社会的世界とを分析するために必要な以下の概念、すなわち、いくつもの時間と空間、時間の予測不能性と不可逆性、秩序とカオス、非線形的な結果、創発、分岐、負と正のフィードバック、自己組織化、種々のアトラクタについて概説した。本章の残る部分では、特定の物質世界を扱う分析にみられる複雑性の有意義な活用について検討することにしたい。第3章からは、複雑性の諸々の要素を、いまや多くの社会科学を横断して「カオス」を創り出している非常に影響力のあるグローバルな議論へとつなげていきたい。

複雑系

まずは、複雑性が指し示しているとともに、複雑性によって高められている「感情の構造」の創発に注目してみたい（Williams 1973; Thrift 1999）。複雑性によって生まれている新たな構造によって、以下のようなものに対する感情がもたらされている。それは、人びとや企業、社会が手にできる偶有的な開放性、地理の多様性、モノや自然に対する慈愛、縁や家庭や人格の多種多様なパタン形成、製品やテクノロジーや社交の著しい複雑性の急激な高まりなどに対する感情である（Rycroft and Kash 1999: 55; Thrift 1999: 53–9; Duffield 2001）。

複雑性は、すでに広範にわたる社会的、知的な言説や営みに対して多大なインパクトを与えてきた。そうした言説や営みとして、代替治療、建築、コンサルティング、コンシューマー・デザイン、経済学、防衛研究、小説、庭園デザイン、地理学、歴史学、文学理論、マネジメント教育、ニュー・エイジ、組織的学習、哲学、ポスト構造主義、社会学、ストックカー・レース[18]、都市計画などがあげられる。カオスと複雑性の概念は、言説から言説へ、営みから営みへと予測不可能なかたちで動き、時として「カオス・カルト」の感覚を創り出している（Maasen and Weingart 2000: 125）。

しかし、非物理科学のほとんどがこの一〇年のあいだに「グローバルなものになった」のに対して、複雑性の社会学的応用の主だったものは、不思議なことに「社会組成的」なものにとどまっている(Luhmann 1990, 1995; Reed and Harvey 1992; Baker 1993; Francis 1993; Mingers 1995; Keil and Elliot 1996; Eve *et al.* 1997; Biggs 1998; Byrne 1998; Cilliers 1998; Hayles 1999; Rycroft and Kash 1999; Medd 2000; Capra 2002 を参照)。

それにもかかわらず、いま述べたことは逆説的である。というのも、「複雑性」の営みそのものを自己組織的なグローバルなネットワークとして概念化することができるからだ。カオス／非線形／複雑性の研究者は、ＰＲやブランド化のテクニックを用いたり、国際会議を開いたり、指導的人物を表敬訪問したり、サンタフェ研究所やプリゴジンの名をとった研究機関のような特定のノードを中心としたネットワーク化を展開したり、グローバル・メディアを広範に利用したりしている(Waldrop 1994; Thrift 1999; Maasen and Weingart 2000)。

ここで、ロバート・ライクロフトとドン・カッシュが『複雑性の挑戦』(Rycroft and Kash 1999: ch. 4)のなかで、さまざまな技術システムに関わる物質世界の複雑性をどのように探究しているのかに言及することで、議論を進めることができる。ライクロフトとカッシュは、製品の部品の数に著しい増加がみられたことに言及している。一八〇〇年頃のＥ・ホイットニー・マスケット銃が五一の部品を備えていたのに対して、二〇世紀末の宇宙シャトルは一〇〇〇万の部品でできている。第二に、サイバネティクスの貢献が著しいものとなっている。サイバネティクスは、車のような製品においてであれ、テクノロジーのプロセス面においてであれ、フィードバック・ループを通じて部品を統合する構造《アーキテクチャ》にみられる。

ライクロフトとカッシュは、「製品の革新にとってもプロセスの革新にとっても、連続的なフィードバックを通じた調整と適応を重視することはいまや当たり前である」（ibid.: 55）と断定している。こうした技術システムは、そういうわけで、ますますハードウェア、ソフトウェア、そして「ソーシャルウェア」をあわせ持つようになっている。製品とプロセスは、社会的な組織的特徴なしには理解できないシステムを構成するようになっている。このように、社会技術システムないし本書で物質世界と呼ぶものの複雑性が増大している。

ライクロフトとカッシュは、現代経済のなかで複雑性への大きな移行がどのようになされてきたのかについて検討している。一九七〇年の時点でも、世界の貿易のなかで最も価値ある製品は、たとえば、服、紙、糸、肉、コーヒーなどのような、まだまだ、単純なプロセスで生産される単純な製品であった。しかし、わずか四半世紀後には、単純なプロセスで生産される以上のような単純な製品は、世界貿易で扱われる高級製品のわずか一四パーセントとなった。一九九五年には、世界貿易で扱われる高級製品のほぼ三分の二が複雑なプロセスと複雑な製品からなるものであり、それらの製品は、膨大な数の部品、サイバネティクス構造、社会技術システムと関連したものであった（Rycroft and Kash 1999: 56–7）。

この「最も大きな輸出価値を有する製品とプロセスにおける複雑性の増大は、……自己組織的なネットワークと関係がある。ネットワーク組織型システムは自らを連続的に再生産する。この再生産は、障害を克服したり新しい経路を創り出したりするテクノロジーを切り開くために必要な、最も高度な技能と構造を開発することによってなされる」（ibid.: 61–2）。さらにライクロフトとカッシュは、こうした自己再生産を、社会技術システムないし社会技術ネットワーク内の正のフィードバックおよび組織的学習の重要性につなげている。

しかし、近年のテクノロジーの歴史が「テクノロジー」を単に非人間的なものとして考えることができないことを示しているように、スティーブン・ブディアンスキーも『自然を守るもの』(Budiansky 1995)において、野生の「非人間的」な自然のようにみえるものを保存することに対して、次のように痛烈な批判を展開している。「不介入ないし『自然な』管理方針による徹底した保全は、自然愛好家たちが最も評価すると主張するそのものをたいてい破壊してきた」(ibid.: 8)。したがって、人間が邪魔だてさえしなければ、「自然のバランス」、すなわち、平衡した状態にある本物の自然や原始の自然などは存在しないのである。ブディアンスキーは、人間の影響がどのようにして風景の移り変わりそのものに隠微かつ不可逆的に織り込まれていくのかを示している。数限りなき人間の居住のありようが、幾千年にもわたってあらゆる自然のシステムに影響を及ぼしてきた。とりわけ、(米国のネイティブ・アメリカンのように)原始農業のために土地を焼き払おうとする原住民が火を広範にわたって定期的に用いることなどは、そうである。いかなる生態系も非常に複雑であり、したがって、ただ自然の調和を回復するだけの直截的なやり方といったものは存在しない。たとえ全人類が地球に永遠の別れを告げることになったとしても、生態系はつねにカオスの縁にあり、平衡に向かう「自然な」傾向をみせることはないのである(ibid.: 11)。

実際に、多くの生態系そのものが、安定した関係ではなく幾重にもわたる揺さぶり、たとえば、地球の他の地域からの途方もない種の飛来、火災、稲妻、ハリケーン、強風、氷雨、鉄砲水、霜、地震などによる揺さぶりにかかっている。『通常』の自然の状態とは、調和し落ち着いた状態ではない。『通常』の状態とは、最後の災害から復旧の途上にある状態である」(Budiansky 1995: 71)。そして、微小生息域[19]が発達しうる生態的地位《ニッチ》の豊かな多様性をもたらすのは、そのような諸々の災害、すなわち渦巻きパタンの絶え間ない変化である。もっとも、上述の微少生息域の発達は非常に長い期間をかけてようやく見いだすことができるものである。その期間は、多くの場合、特定の研究者や研究プログラムの寿命よりもはるかに長い。したがって、多様性を高めるのは、平衡状態とされる状態における安定した不変の「自然」ではなく、不安定性と変化なのである。そして、プリゴジンが一九六〇年代になって示しはじめたように、システムは秩序化されていながらも、とても平衡状態にはなりえないのである。

さらに、種の個体群のサイズは、安定性への傾向を何ら示しておらず、とりわけ、その想定される環境収容力まで徐々に大きくなり横ばいになって安定化することはない。むしろ、ほとんどの種の個体群は、極端な起伏を示していて、個体群がある地域へと持ち込まれると急激に大きくなり、つぎには、ほとんどが同じように急速に崩れゆく(Jervis 1997: 28)。動物種の摂食量は状況の変化に対して非線形的かつタイムラグをともなうかたちで反応し、このことが個体群のサイズの著しい不均等を生み出し、ここにはいかなる自然なサイズや釣り合いのとれたサイズも存在しない(Budiansky 1995: 90–5)。実際、生物生態系のカオス的特性は、何が特定の種の保護にとって好ましいのかを予測をすることをほとんど不可能にしてもいる。現実に特定の種を保護するように設計された介入のほとんどが、その種を当初の状態よりも弱らせてしまうという予期せぬ副作用を誘発してきたのである(ibid.: 160–1)。

物質世界がこのようにまったく予測できないことは、沿道や都市的環境でさえ、さまざまな動植物種の個体群の急速で不可逆的に見える拡大が劇的に創発するような場所になっていることからもわかる。

沿道のような場所は、そうした動植物種の「自然の」生息地であるように思われるところから十分にかけ離れたところである。「都市」と「荒野」は、もはや排他的なカテゴリーではない（Budiansky 1995; Clark 2000; Davis 2000a）。ネズミやキツネがヨーロッパの都市のなかで数多くみられ、ロサンゼルス近郊では、コヨーテ、スカンク、リス、ネズミ、ヨーロッパミツバチ、野生の犬、アライグマ、さらにはクーガー（マウンテン・ライオン）の数が著しく増えている。こうした動物は一定の捕食からもっと幅広く融通無碍に餌を求めるようになり、ライオンの場合、いまでは小さな齧歯動物、ペット、人間の出した残飯、さらには人間までをも餌にするようになっている（「非線形のライオン」については、Davis 2000a: 249 を参照）。

　乱流する「都市」という非線形的な解釈を通してクラークが論じるところでは、「社会的なもののまさにその中心地で……『自然』の復活と『生命』の開花がみられる」（Clark 2000: 29）。動的《モバイル》で不安定でありコスモポリタンとでも呼べるような物質世界が、都市に創発している。とりわけ新たな形態の「文化」を前にして、物静かで従順な「自然」はない。実際、種々の非常に順応性の高いウイルス、たとえばエイズやエボラ、新たな超細菌、新たな致死病原体、たとえばプリオンの現出や、肺結核、コレラ、腺ペストの再発がみられる。医療の対象となっているこうした「今日の終末的惨事《アポカリプス》」は、まったく新たなかたちのグローバルな旅行と貿易、高「耐性」に対する抗生物質の無効性の高進、そして、「医療」そのものの内外（とりわけ内側）における新たな強力なリスク文化の発展から生じるものである（Van Loon 2002: ch. 6）。このことは、デ・ランダのより全般的な都市分析と響き合う。デ・ランダは、都市を複雑かつ動的《ダイナミック》な開放系とみなしており、そこでは、有機的なるものと無機的なるもの、生あるものと生なきもの、人間と人間でないもの、文化と自然、リスクのあるものとリスクのないものとの類いまれなフローと混成がみられるという（De Landa 1997; Clark 2000）。

マイク・デイヴィスの『恐怖の生態』では、そうした都市が微に入り細にわたり検討されている。デイヴィスは、二一世紀都市の範型であるロサンゼルスの内外でみられる物質社会的なやり取りの創発にひたすら目を向けている（Davis 2000a: ch. 1）。かつて、「太陽の国」と考えられていたものが、「終末的惨事のテーマパーク」として新しく作りかえられている。一九九二年から一九九五年のあいだにロサンゼルスでは、洪水に続いて、暴動、洪水、火事旋風、竜巻、地震、そしてふたたび洪水が起こった。二〇〇万に近い人が、災害に関連した死傷、家屋の損壊、商売の損害といった影響を受けた。そして、五〇万もの人が二年のあいだにこの都市をあとにすることになった。南カリフォルニアでは、こうした異常な出来事の破局的な同時発生が特徴となっている。

さらに、こうした出来事の同時発生は、ランダムな無秩序ではなく、都市のスプロール化から生じた加速的なフィードバック・ループの動的《ダイナミック》なパタンである。このパタンを生み出した状況は、デイヴィスが「傾斜した郊外」と呼ぶもののどこまでも続く拡張や、自動車のとどまることのない利用、公共空間の欠如、河川流域のコンクリート舗装化、生態学上不適切な地域での家の建設、そして、もっと一般的には地球温暖化である。デイヴィスによれば、諸々の異常な出来事、とくに異常気象が示しているのは、「非線形性の原理であり、ここでは、駆動変数ないし入力における小さな変化がフィードバックによって拡大されることで、不釣り合いな、さらには不連続な結果をもたらしかねないのである」（Davis 2000a: 19）。

ここで、北米の野火の中心地マリブがとりわけ示唆的な例となる（Davis 2000a: ch. 3）。相互に結び合わさったさまざまな原因が、この地域特有の激しい火事を代々生み出してきた。最も重要と思われるのは、植物の年齢構成と発生する激しい火事との非線形的な関係である。樹齢五〇年の木は、二〇年の木よりも五〇倍激しく燃える。ところが、マリブ地域に住む非常に有力な居住者のために、一九一九年以降、「全面的な火事抑制」の方針がとられることになった。このことが原因となって、栄養分を再循環させるという点で役に立つ小さな火事が起こらなくなった。そして、さらに重要なことに、地域の大半の木が非常に古くなり、自らのもたらす火事をさらに激しいものにしてしまった。こうして、小さな火事に対する規則が、その後、より激しくより大きな火事をもたらすことになったのである。さらに、断続的に発生するひどい火事は土壌の化学構造を変え、その土はそれ以後の激しい氾濫と浸食を劇的に速める撥水性を有した層へと変化してしまっている（ibid.: 100-3）。ひどい火事と広範囲に及ぶ洪水は、そうでなければロサンゼルスのマリブ生態系のいつもの特徴を構成したに違いない限定的な火事を防止しようとする介入から、非線形的なかたちで起きているものなのである。

この例が示しているのは、特定の種類の原因が予測不可能な大きな変化を起こしうるということであるが、外因がまったく重要な結果を生み出すことができない例もあるだろう。したがって、原因と結果とのあいだに比例関係の欠如がみられるが、実際には、そのようなシステムの「外部」にある原因のようなものは存在しないことに留意しておかなければならない。

こうしたシステムの性格については、とくにチャールズ・ペローが『正常な事故《ノーマル・アクシデント》』のなかで探究している。ペローは、ある種のシステム特性のもとでは、いくつもの予期せぬ相互連関した失敗がシステミックには回避不能であると主張している（Perrow 1999: 5. Jervis 1997 も参照）。そうした事故が起こるのは、システムがきっちりと連結されており、プロセスが非常に速く生じて止めようがないとき、そして、失敗した部分を切り離せないとき、さらには、システムを動かし続けるほかないときである。こうしたきっちりと連結されたシステムにおいて、たぶんごくありふれたものであったに違いない当初の障害から復旧することは不可能である。結果はそのシステムを通じて急速かつカオス的に、さらに不可逆的に広がる。そして、個々のエラーに起因する事故よりは、むしろ「システム事故」が生み出されることになるのである（Perrow 1999: 11）。

これとは対照的に、ゆるやかに連結されたシステムでは、時間、資源、組織的能力について多くのたるんだ部分がみられる。事故をうまく処理することができるので、そうしたシステムでは正常な事故が生じることはあまりなく、きっちりと連結されたシステムでみられる相乗的な複雑性も回避される。さらに、きっちりと連結されたシステムの場合、その結果は非線形的なものになる。システムの要素間の結びつきを密にすることで、ある程度までは効率が上がり、すべてが滑らかに働くようになる。しかし、小さなことがひとつうまくいかなくなると、その不具合がシステムを通して破局的な結末をもたらすことにもなる。システムは、スムーズに機能することから、相互に影響を及ぼし合う複雑な惨事へと文字どおり切り換わる。そして、時として、このことは、システムの改善と考えられているものから生まれる。たとえば、シートベルトを法律で強制的に締めさせることによる車内の安全性の向上、タイタニック号の安全システムの強化、鉄道信号の安全システムの強化といった事態は、特定の状況において、そうした事態が深まるとともに、いっそう危険な作用をもたらし、「正常な事故」の可能性を高めるのである（Adams 1995; Jervis 1997: 68–9）。こうしたタイタニック効果とでも呼べるようなものは、システムの「複雑な相互連関性」の格好の例である（複雑性理論との関連について、Perrow 1999: 386を参照）。ロウが列車の衝突の研究にもとづいて主張するように、「システムが完全であることは、単に不可能であるだけではない。より強調されるべきは、自滅的にもなりうることだ」（Law 2000: 14）。時として、システムの流動性や不完全性は、当該のシステムの複雑な特徴ゆえに、「安全性」にとって欠かせないものとなるのである。

システムの安全性の問題と、高速道路を最高時速一九〇マイル〔約三〇〇キロ〕で走行する米国のストックカー・ドライバーのあいだでみられるある種奇妙な協力関係とのあいだには、いくらかの類似点がみられる（Ronfeldt 2001）。ストックカーのレーサーたちは、一連の複雑で創発的な規則にしたがって、協力するとともに競争する。ドライバーたちは協調的な空気の流れ《ドラフト・ライン》へと自己組織化し、その後に、断続的に競争的な突破ラインを形成する。彼らは無線通信を利用して、情報を引き出し、とりわけ、連携の可能性を探し出す。ロンフェルトによると、「これは、動きの速い動的な《ダイナミック》構造、すなわちシステムを生み出し、このシステムは、しばしばカオスと破局の臨界にある一種の秩序を示している。つまり、ひしめきあう一群の前でラインを振動させており、非線形のプロセスとしっかりと重なっている」（ibid.: 17）。こうしたストックカー・レースは米国社会の象徴としてみることもできよう。米国社会には協力と競争の独特な組み合わせがみられ、それは、複雑系にみられるような諸結果をもたらしている。

もっと一般的には、マヌエル・デ・ランダが『非線形史の一千年』（De Landa 1997）のなかで、複雑性のプリズムを通して、さまざまな種類のシステミックな組織、とりわけ「網細工《メッシュワーク》」（ネットワークのネットワーク）状のものとヒエラルキー状のものとを探究している。デ・ランダは、さまざまな物質のフロー、わけてもエネルギー、遺伝子、言語のフローの成り立ちとその成り行きとに関心を寄せている。中国史の幾世紀にわたってみられたように、そうしたフローが「ヒエラルキー型」の均質化（しっかりとした結合）によって支配されたところでは、爆発的、自己組織的な都市の発展は起こらなかった。「西側における怒濤の都市進化の動的《ダイナミック》なパタン」は、網細工と、結果として生じる「運動の自由」と「最大限の機動性」があって初めて起こり、ここに、エネルギー、交通、金銭の集約的で生産的なフローがみられる（Braudel 1973: 396–7; De Landa 1997: 34–45）。都市とは、相交わり合うさまざまなフローの交流の場である——そして、自己組織化と大規模な成長に向かう能力を伸ばす都市が現われる。後に本書では、複雑系は、そうした移動性があって初めて（移動と係留の組み合わせを通じて）「社会的」世界で発達することを論じる。

デ・ランダは、さらに話を広げ、身体、自己、都市、社会という具合に広範囲にわたる分析を展開している。デ・ランダは、これらを、過去の一千年にわたって地球の地表に広まった無機物、遺伝子、病気、エネルギー、情報、言語といった、もっと基底をなすフローの単なる「束の間の硬化」としてみている（De Landa 1997: 259–60）。「グローバルな複雑性」を討究するなかで、同様の分析を、断続的に「束の間の硬化」を具現させる交合的で非線形的な「物質世界」のフローについて展開することにしたい。

おわりに

以上、本章では複雑性に関する定式化を広範にわたって紹介してきた。そして、複雑性からのアプローチの有用性は物理科学や生物学を超えていることを示すために、数多くの具体的な研究を引用してきた。

こうした複雑性分析はまた、科学的観察自体が、観測対象であるシステムの構成要素であることを浮き彫りにしている。システムの外部には何もない。それゆえに、複雑系の概念は、「外部世界」について語るある種の「実在論」的な定式化の土台を揺るがしている。ハイゼンベルクの表現にしたがえば、「われわれが観察するものは、自然そのものではなく、われわれの問題設定の方法にさらされる自然である」(Capra 1996: 40 の引用)。科学とその観測系との相互連関性は、これからの研究に対して二つの大きな意味を投げかけている。

第一に、特定の物理システムおよび／または社会システムが、現在の社会科学の営みに対して、システム論的に観察、分析することができるようなかたちで自らの姿を現わしているのかどうかを問う必要がある。問題とされる(両)システムの科学を可能にする条件は何であるのか？　現在なされている観察、測定と現代科学の理論的な営みを仮定すれば、システムはいかなるかたちをとりうるのか？　第二には、こうした調査の営みが当該のシステムに対して複雑な影響をもたらすのかどうかを問わなければならない。たとえば、研究の知見が自らが調査している結果そのものをもたらすのを助長するという予言の自己成就に至る場合などがそうである。

いずれの点も、グローバル・システムに関係している。第一に、グローバル・システムの非常に開放的な性格は、このシステムがいまのところシステム分析では及ばないことを意味しているのかもしれない。目下の現象が、その現象を探究しようとする社会科学の力量を上回っていると想定することもできよう。グローバルなものが（社会）科学の探究に適した対象として構成されているのかどうかを問わなければならない。観察、測定、理論的な資源は、グローバル・システムの非常に複雑な性格を探究するところまではいっているのか？　ここで指摘しておきたいのは、社会科学はそうしたシステムの分析を可能にするどのような助けも必要としているということである。このことは、大規模な創発のプロセスに焦点を据える複雑性理論の諸資源に目を向ける必要があることを説明している。そのような複雑性概念がどのような方法、方向で、グローバルな創発の多くのプロセスの探究に関わることができるのかを考えることは理に適っているように思われる。

第二に、「グローバル」な分析の増殖が、ある意味で、探究対象であるシステムそのものの一部分になっている。こうした分析は自己成就的な仕方で、部分的にグローバルなものをパフォームするのを助長している。探究を必要とするものの要素のひとつが、グローバルなものがさまざまなシステムを横断して、いくつものかたちでパフォームされるようになることにあり、具体的には、議論、イメージ、本、テレビ番組、シンポジウム、雑誌、情報などが「グローバルなもの」を表象し、語り、パフォームする度合いを強めている（Franklin *et al.* 2000 を参照）。

次章では、グローバルなものに関する以上の分析について考えてみたい。これまでになされてきたほとんどの分析は十分に「複雑」ではないことを示し、続く各章では、「グローバルな複雑性」という概念を展開し、社会科学における複雑性による転回について探究し、期待を高らかにその動きを後押しすることにしたい。

第3章 「グローバル」な分析の限界

はじめに

本章では、グローバル化に関する数多くの分析には限界があることを示し、新たに生まれているグローバルな諸関係の複雑な性格を十分に扱い切れていないことをみることにしよう。こういうと、読者は驚かれるかもしれない。というのも、複雑性の言葉や手法が明示的に展開されていない場合でも、グローバル化のパラダイムは複雑性による思考様式とつながっているようにみえるからだ。

周知のように、グローバル化の分析は、ある場所で起こる出来事が、多くの場合、時間、空間的に遠く離れた他のさまざまな場所に対して重大な影響を与えることを強調している（詳しくは、Goerner 1994を参照）。ギデンズは、一九九〇年という早い時期にグローバル化について、「ある場所で生ずる事象が、はるか離れたところで生じた事件によって方向づけられたり、逆に、ある場所で生じた事件がはるか遠く離れたところで生ずる事象を方向づけていくというかたちで、遠く隔たった地域を相互に結びつけていく、そうした世界規模の社会関係が強まっていること」と定義づけている（Giddens 1990: 64）。グローバル化の分析は、世界中に広がるヒト、場所、組織、技術システム間にはっきりとした相互依存がみられることを明らかにしている。こうした相互依存は、経済的、社会的、政治的、軍事的な出来事や事件に影響を及ぼしている。グローバル化の分析では、どのようなところでも「それだけで自足したところ」はない。

複雑性研究者であるクリス・ラングトンは、さらにつぎのように述べている。「個々の構成要素の相互作用から……ある種の特性が創発し、……その特性は、その構成要素についての知識からは予測しようがないものである。……そして、グローバルな特性、この創発的な振る舞いはフィードバックし、それを生み出した個々のもの……の振る舞いに影響を及ぼすことになる」（Thrift 1999: 33-4 の引用。Waldrop 1994: 329 も参照）。グローバル化の分析によって、こうしたグローバルな創発特性、たとえば、世界経済やグローバルな環境の変化、グローバル・メディアを介した文化的均質化、議会制民主主義の世界的な広がりが引き立ってみえるはずである（Held *et al.* 1999 を参照）。

社会学では、以上のようなグローバルな特性の分析によって、個人から始まる説明によって社会現象を説明することを提唱するグループ（方法論的個人主義者）と、社会的なもの全体に目を向けることを提唱するグループ（方法論的全体主義者）との論争が「解決」するように思われる。グローバルなものという、新たな社会的全体のレベルが存在しているようであり、そのレベルで、明らかに個人の特性ではなく、またいかなる意味でも個人に還元することはできない創発特性がみられる。グローバルなレベルの研究は、構造とエージェンシーの関係という問題を、前者が議論に「勝つ」というかたちで解決しているようにみえる。

しかし、本書は、多くのグローバル化分析がグローバルな創発特性をあまりにも一元的で、あまりにも強力なものとして扱ってしまっているとの考えに立つ。グローバル化の分析は単純化されており、静態的かつ還元主義的である。このことは、「グローバル化」はXであるといったり、「グローバル化」がXするといったかたちで叙述する定式化においてみることができる。グローバル化を唱道する者と批判する者は「あまりにも線形的なグローバル化の軌道を想定し、……グローバル化という張子の虎を性悪で手に負えないブギーマン[20]にしてしまっている」(R. Keil 1998: 619)。本書で掲げる「グローバル化」は一元化されることもなければ、主体として働きうるものでもなく、線形的な様式で理解されるものでもない。

領域、ネットワーク、流動体

ここで、アンヌマリー・モルとジョン・ロウが行なった「領域《リージョン》、ネットワーク、流動体」の区別に照らしあわせて、グローバルなものの理解について検討する(Mol and Law 1994. Urry 2000b も参照)。この区別は、さまざまな「グローバル」・システムを特徴づける種々の空間パタンないしトポロジーを明らかにするために設けられたものである。これらの用語は、何を意味するのだろうか。

まず領域であるが、そこでは、モノが群れをなして集まっている。領域は、個々の群れを仕分けする三次元の直交座標によって規定される。この種のトポロジーはよく知られていて、各々の「社会」を分析する際に通常用いられるものである。一般に、個々の社会は、周囲に明確な境界を有する領域であると考えられている。

第二にネットワークであるが、それは個々別々の領域へと伸びていくものである。ここで理解されているようなネットワークでは、その構成要素のあいだに関係の恒久性がみられる。これらの構成要素は、領域の境界を横切るネットワーク全体を通じて、時として「不変の可動物」[21]として知られる不変の結果を伝える。多くの科学者集団は、数々のネットワークを渡り歩いてそうした不変の可動物を伝えている。

第三に流動体であるが、ここでは、「ある場所と別の場所との違いを示す境界も関係もない。その代わりに、時として、境界は揺れ動き、何かを漏らしたりまったく消えてしまったりし、そうしたなかで、諸々の関係は切れることなく自らのかたちを変えている。そして、時として、社会的空間は、流動体のようにふるまう」(Mol and Law 1994: 643)。こうした流動体は、空間内で、そして空間を超えて動くなかで、ゆるやかに変質していく。

以上のように、三つの異なった空間パタン、すなわち、領域、ネットワーク、流動体が存在するのだが、社会科学は十分にこれらを区別することができていない。なかでも流動体の概念はたぶん最も知られていないだろう。モルとロウは、この概念を用いて、貧血症が世界中でどのように扱われているのかを述べている。彼らは、とりわけ、さまざまな「アフリカ」諸国と比較してオランダでの貧血症の治療法に明らかに違いがみられることを示している[22]。しかし、モルとロウが論じるように、アフリカと比較して、オランダにおける貧血症の観察や治療法に、単純な領域差(地域差)がみられるわけではない[23]。しかも、各要素が不変の関係を通してつながり、オランダへもアフリカへも同じ「貧血症」をもたらすような、世界レベルで作動する単一の臨床ネットワークが存在しているわけでもない[24]。領域かネットワークかというよりはむしろ、モルとロウが論じるように、「われわれは、境界なきさまざまな変種と切れ目なき変形とを目にしている。つまり、フローを目にしているのだ。ここで扱っている空間は、流動体なのである」(Mol and Law 1994: 658. 傍点は原文)。

「貧血症」は、血液のようであり、流動体とみなすことができる。それはさまざまな領域を曲がりくねって流れ、さまざまな境界を超えて、多様なネットワークを利用する。そして進むにつれて変わってゆくが、この変化は、しばしばその時点ではほとんど感知できない仕方で起きる。病気としての貧血症は流動体のようであり、血液に似ており、「貧血症」のままであっても多くの病変をみせる。流動体には、しばしば混成作用《ミクスチャー》や漸次的変化《グラディエント》がみられるが、そこには必ずしもはっきりした境界がみられるわけではない。生まれるものを、はっきりと規定できないこともある。正常とは、漸次的変化であり、確かな絶対不変のものではない。流動体空間では、きっぱりと同一性を確定することは不可能である。さまざまな他の流動体と互いに結びつくこともある。したがって、「流動体の世界は、混成作用の世界である」(Mol and Law 1994: 660)。流動体は、固まったものでも安定したものでもない。さらに、流動体は偶発的なものであり、アフリカの交戦地帯のように検査室《ラボラトリー》がないところをうまくかいくぐる。要するに、モルとロウは、以下のようにまとめている。

> 流動体の研究は、フローを形成する諸々の関係、斥力、引力の研究となる。……貧血症はどのようにフローするのか。オランダとアフリカのあいだをどのように行き来するのか。……貧血症は、人びとの技能《スキル》をフローしたり、装置の属性の一部としてフローしたり、あるいは、書かれた文字のか

たちとなってフローする。……そして、貧血症は、動くにしたがってその形状と性格を変える。(Mol and Law 1994: 664)

こうしてモルとロウは、世界中のさまざまな診療所で貧血症をモニターでチェックし治療することに関わっている人びとの、不均等で混成的なスキル、テクノロジー、治療処置、暗黙知の原因となっている流動体の力を明らかにしている。社会組成的な境界内で、そしてとりわけ社会組成的な境界を超えて広がるそうした流動体の範囲と力は、適切な治療や経済の機能化を達成する(「領域」としての)社会の力に関して重要な問題を生み出す。とりわけ「貧血症」の流動体は、特定の領域内で一杯になってしまったり、特定の領域をちょろちょろ流れていくなかで、異なるかたちをとっていく。こうした流動体は、流路内におけるフローの速度、粘性、深度、濃度、閉じ込め度によって区別することができる。本書において、流動体という着想は、領域やネットワークの概念が見過ごしているグローバルなものを考える際に欠かせない諸相をしっかりと捉えるための非常に重要な概念である。以下では、これら領域、ネットワーク、流動体の諸特徴がどのようなかたちで社会に関わり、そして、グローバルなものの研究に関わるのかを示す。

グローバルな領域、ネットワーク、フロー

別の書で示したように、社会科学の研究はメタファーに依拠しており、多くの理論的な議論は、異な

るメタファー間の論争によって成り立っている（Urry 2000b: ch. 2 を参照）。とくに、社会学的な社会概念は、領域のメタファー——すなわち、その「対象がひとつにまとまっており、境界が個々のまとまりのまわりに引かれること」（Mol and Law 1994: 643）——を中心にして作り上げられている。多くの相異なる社会が存在し、それぞれは、国民国家を通して組織される社会制度の種差的なまとまりを有しており、領域として各々の社会を取り囲む警備された明確な境界を有しているように見える。境界づけられた領域としての社会は、過去一世紀以上にわたり、国民国家、民主主義、シティズンシップという諸概念の中心をなしてきた。

　そして、グローバル化の研究に対するアプローチもまた、グローバルなものを個々の「社会」との領域間競争の激化に関わるひとつの領域とみなすようになっている。これら二つの領域の「争い」において、込み入ったかたちではあるが、多くの分析はグローバルなものが各々の国家社会に対して勝利していると想定している。これは、超グローバル主義の立場と呼ばれてきたものである（Held *et al.* 1999: 3–7）。たとえば、マルティンとシューマンは、グローバル化について確固たる姿勢を示しており、彼らにとってのグローバル化とは「国家から経済力を分離させ、世界市場の力を解放することと理解されており、それはほとんどの国家にとって逃れることのできない厳しい現実である」（Martin and Schumann 1997: 216）と記している。そして、大前（Ohmae 1992）によれば、諸々のグローバルな関係からなるボーダレスな世界がすでに生まれており、世界中の「社会」の領域は全面退却の途についているとされる（Fukuyama 1992; Albrow 1996 も参照）。空間とか地理の制約は、国家から離れた情報のフローのために取り除かれる。そして、ボーダレスなグローバルな領域の勝利は、大前にとって非常に望ましいものである。

カステルは現代世界をボーダレスなものとして特徴づけてはいないが、それにもかかわらず、現代世界を「グローバルなスケールで動く新たな情報経済」(Castells 1996: 97) と、「国民と国民政府の維持、そして……政治戦略のツールとして経済競争を用いる際の政府の役割」(ibid.: 99) の間をさまよっているものとして特徴づけている。したがって、二つの領域と、両者のあいだに果てしない競争が存在することになる。多くの著作では、いうまでもなく米国をグローバルな関係の中心とみなしており、それゆえ、一方のアメリカの覇権と、ヨーロッパであれアジアであれ、他方の個々の国民国家との領域間の争いをみている (Chase-Dunn *et al.* 2000)。

別の論者の著作に目を向けると、やはり領域間の争いをみているが、ただしこの場合には、国民国家の領域がグローバルなものの領域に対して部分的に勝利しうるとされている。ハーストとトムソンは、この「グローバル懐疑論」の立場をひときわ明瞭に示している (Hirst and Thompson 1996)。ハーストとトムソンは国民国家の諸制度、とりわけ国家機関の諸制度が、グローバルなそれと比較して「因果的有効性」を有していると主張する (Mann 1997: 474 も参照)。

しかし、こうした論者はみな、グローバルなものをある意味において「領域」であるとみなしているために、以上の論述はグローバルなものと社会の関係を理解するうえでごく限られた方法でしかない。本章では、これ以降、以上の論述において欠落している部分について概説する。第一に、グローバルなものを領域としてみることには、「領土の罠」(Brenner 1997) の命題がついてまわる。ここには「非歴史的な国家中心主義」がみられる。つまり「ナショナルなスケールとグローバルなスケールが、連環的《リレイショナル》で共同構成的であるよりも相互排他的なものとして考えられている」(ibid.: 138)。本書で批判する説明では、グローバルなものとナショナルなものとが、互いに別々のものとして位置づけられ、そして、激しい領域間競争に巻き込まれているとされている。同様のことは、ロバートソンが「ひとつの場所としての世界」、つまり、揺るぎなきグローバルな領域について語るときにもみることができる(Franklin *et al.* 2000: 3 の引用)。しかし、ブレンナーは、むしろ、ナショナルなものとグローバルなもののあいだにある諸々の社会関係の複雑な組み合わせを追究しなければならないとしている。ナショナルなものとグローバルなものとは、互いに構成しあっている。本書第5章では、「ストレンジ・アトラクタ」という数学的表現を用いて、グローバルなものとナショナルなものがどのようにして互いに共同構成しているとみなすことができるのかを明らかにしたい。

この問題は、各々の国民主権国家の分析、たとえば「国民経済社会」の領域が「グローバル化」の広がりにどのように耐えることができるのかについてのハーストとトムソンによる説明(Hirst and Thompson 1996)にもみることができる。そして、同じように、大前(Ohmae 1992)のような「超グローバル主義者《ハイパーグローバリスト》」の議論においても、グローバルな領域が過度に一元化され、平衡状態におかれている(Held *et al.* 1999 も参照)。いずれの説明も、社会組成的ないしグローバルな全体化と平衡を示すものとなっている。そこではグローバルなものは、「プロセス」としても「帰結」としても、そして、「原因」としても「結果」としても機能している。つまり、(複雑ではあるが不完全な決定要素の組み合わせを分析する)「グローバル化の理論」と(グローバルなレベルがほとんどすべてのことを説明し記述するようにみえる)「グローバル化論」とを区別しないという同類の誤りに陥っている。実際のところ、グローバル化それ自体だけではほとんど何も説明しないといわれている（「グローバル化論の愚かさ」については、Rosenberg 2000を参照）。

また、空間と時間を、経済的、社会的、政治的な実体のどちらかというと静態的な「入れ物」として扱うことが、これらの「領域的」定式化の一部に暗に示されている（Brenner 1997: 140）。しかし、前章でみたように、複雑性概念によって、時間と空間は流れるものであり、産出力を有していることが浮き彫りにされている。社会的であろうと物理的であろうと、時間と空間は単なる「モノ」の入れ物や寸法ではない。「社会組成的な」領域と「グローバルな」領域の競争という観念は、さまざまなプロセス間で重なり合って進展している複雑な諸関係を正しく扱うものではない。また、グローバルなレベルで創発する特性を社会が必ずしも有していないことを正しく扱うものでもない。

こうした領域的な観念は、「グローバルな」レベルが、国民国家とグローバルなものから成り立っていて、両者間に「一対一」の競争があるというのではなく、実際には非常に多くの「政治組織」から成り立っているということを認めていない（Walby *forthcoming* を参照）。地域ブロック（NAFTA、EU）、グローバルに組織化された宗教（イスラム教、カトリック教会）、国際組織（国連）、国際NGO（グリーンピース）や国際協定（京都）もまた存在している。まれに米国のような国民国家社会も存在しており、そこでは、地球を縦横するほとんどのネットワークにおいて例外的な中心的位置を享受している（不思議なことにサッカーの世界戦は別である！）。

ゲイムは、こうした既存のグローバル化分析の多くを批判し、「この種の［グローバル化の］プロジェクトは、まったくもって静態的であり、安定に対する欲望によって支配されている」と論断している

(Game 1998: 42)。つまり、グローバルなものを、現下の経済的、社会的、政治的な関係によって特徴づけられるものとして扱う傾向がみられるのだ。しかし、この静態的な見解は、複雑性が浮き彫りにしているものも見過ごしている。それは、未来は予測不可能であり、さらに不可逆であるというものである。ウィル・ハットンは『オン・ジ・エッジ』のなかで、以下のように論じて、そうした不可逆性の重要性に言及している。「変化は全方位的に起こり、新たな必然をもたらす。その勢いは、他のいかなるもの、たとえ国家の力であっても、そうしたものに対してより上位の力としてある。……変化の力には抗いえない」(Giddens and Hutton 2000: 2, 20; とくに非線形性について参照)。ハットンにとって、グローバルな「ターボ資本主義」は、動的《モバイル》にして無情であり、不可逆に、そして、いくらか予測不可能なかたちで、ありとあらゆる関係を「株主」利益へと向かって駆り立てるものである。

さらに、グローバルな領域という観念には、グローバルなものと、その環境となるものとのはっきりとした境界線が暗に示されている。ここでは、本質的に「社会的な」ものとしてのグローバルなものと、本質的に「自然な」ものとしての環境との区別が前提となっている(Macnaghten and Urry 1998)。しかし、複雑性理論は反対に、システムはつねにその環境内に位置づけられ、そこから複雑なエントロピー・プロセスが存することを論じている。同様に、「グローバル」なプロセスは、つねに社会的かつ物理的なものとして、つまり、「物質世界」としてみなさなければならない。グローバルな社会的関係と、そうした関係がみられる環境とのあいだに確固たる境界はない。物質世界には、時間の経過にともなう複雑な不可逆性がみられる(Latour 2000 を参照)。

この「領域的な」グローバル化パラダイムを分かち持つ多くの著作も、グローバルなシステムの反復的な性格を探究することはない。グローバル・システムの特徴は、幾多の時間の経過とともに生じる無数の行動から複雑に立ちあらわれる。ハットンは「グローバル化と呼ばれている現象がある」と述べている（Giddens and Hutton 2000: 23; 傍点は引用者による）。しかし、この論述は、時間の経過とともに反復的に起こる複雑で偶有的な一連のプロセスが、特定の状況下でグローバル化の現象がもたらすことを正しく扱っていない。

ただ単にグローバル化があるとするハットンの議論は、社会科学における「構造」なるものと「エージェンシー」なるものとの旧来の区分に根ざしたものである。諸々の行動は通常、たとえば資本主義的構造、家父長的構造、年齢構造などによって「構造的に」引き起こされるものとみなされている。そのような構造は「秩序化」されており、再生産される。しかし、社会システムは時あるごとに変動することから、社会科学はエージェンシー概念を導入し、人間エージェントの集合体が、そのような構造を「逃れて」、個別的（たとえば暴力的なパートナーのもとを去るなど）ないし、階級行動を通じて集合的に（一九七九年のボルシェビキ革命のように）変動をもたらすことができると主張しなければならなかった。

しかし、ギデンズは、こうした主張が社会生活と社会変動の性格を理解するのに十分なものではないことをみてとった（Giddens 1984）。ギデンズは、構造／エージェンシーの二分法の限界を乗り越えるために、「構造の二重性」という概念を展開した。ここで重要なのが社会生活の回帰的な性格である。ギデンズは、「構造」が、行動をもたらすとともに、可知的なエージェントによる無数の回帰的な行動の意図せざる結果ともなる時間的プロセスを探究している。そして、構造とエージェンシーの二元性があるというよりはむしろ、構造とエージェンシーが相互に結びつき時間の経過とともに共進化する「二重性」がみられるというのである（反対の見方として、Archer 1995; Mouzeliz 1995を参照[25]）。

　しかし、ギデンズはこれらの構造－エージェンシー・プロセスの「複雑な」性格を十分に探究していない。前章の議論にしたがえば、そうしたプロセスについては、「回帰」よりも「反復」を通してみたほうが、よりよく理解することができる。反復によって、「局所的《ローカル》」な変化で最も小さいものが、無数のたび重なる行動を通じて、予想外の、予測不可能でカオス的な帰結をもたらし、そして、時としてエージェントが、自らがもたらそうとしていたものとは正反対のものを生み出すことになる（Urry 2000b: ch. 8を参照）。そのようなシステムにおいて出来事が「忘れ去られる」ことはない。

　以上のような複雑な変化は、エージェントが特定の世界を変えようとすることとは無関係に、時間の経過とともに創発するシステム全体の特性から生まれることもある。エージェントは同じ行動にみえることを行なうことがあり、実際に他者の行動のある程度の模倣もみられる。しかし、そのような行動に起こるわずかなずれのために、反復は時間の不可逆性を通して、大規模な構造に対しても変動をもたらすことがありうる。反復は、時として、動的《ダイナミック》な創発を通して、グローバルな秩序の突然の分岐と非線形的な変化を生み出す。したがって、さまざまな結果を生む規定因としての「エージェンシー」がなくても変化は起こりうるのである。

　このような反復的な社会的相互作用の性格は、一歩進むごとに壁が作り変えていく迷路を歩くことにたとえられてきた（Gleick 1988: 24）。つまり、迷路を取り巻く壁の位置の変化に適応するために、新たな歩を一歩一歩進めていかなければならないというのである。

こうした反復において、各々の結びつきは初期条件に対して非常に敏感に反応する。あるひとつの場所の小さな変化（蝶のはばたき程度のもの）が、完全に異なる位相へとシステムを動かし、結果としてシステムの分岐がもたらされることもある。バーンは、こうした大々的な非線形的な結果を「ラクダの背中を砕く最後のわら一本」と述べている（Byrne 1998: 170）。小さな変化は、たとえば、一九八九年のベルリンの壁の崩壊という「小さな」出来事に続いてほとんど一夜のうちに生じたソヴィエト体制の内部崩壊のように、急転直下の体制転換をもたらすこともある（ソヴィエト帝国崩壊の複雑性分析については知らないが）。

もっと一般的には、ゾーハーとマーシャルが、量子物理学の概念を用いて、社会とグローバルなものの領域的な観念についてさらに進んだ批判を加えている（Zohar and Marshall 1994）。ゾーハーとマーシャルは量子社会という概念を主唱、展開し、絶対時間と絶対空間、不可侵の剛体、完全に決定論的な運動法則といった硬直したカテゴリーにもとづく古典物理学の確実性が崩壊したと述べている。前章でみたように、古典物理学の（さらには社会の）固形の物的対象は、原子を構成するレベル（亜原子レベル）において、溶けて波のような確率パタンになっており、そうしたパタンが相互連関の確率を構成しているのである。亜原子粒子は独立した実体としての状態を保持しておらず、かろうじて相互連関したものとして理解することができる。ゾーハーとマーシャルの表現によれば、「量子物理学の奇妙な世界、つまり空間、時間、物体の境界をものともしない不可解な法則からなる不確定な世界」である（Zohar and Marshall 1994: 33; Capra 1996: 30–1 も参照）。

ゾーハーとマーシャルは、物理学内の波動‐粒子効果と社会生活の種々の特徴を類比させて展開して

いる。ゾーハーらの論じるところでは、

量子的実在は……粒子のようにも波動のようにもなるポテンシャルを有している。粒子は単体であり、時間的、空間的に位置づけられ測定可能なものである。粒子はいつでもどこかにある。波動は[それに比べて]「非局所的《ノン・ローカル》」であり、空間と時間の全体に広がり、そして、その瞬時的な影響が至るところでみられる。波動は一度にあらゆる方向に広がり、他の波動と重なり合ってひとつになって、新たな実在（新たな創発的な全体）を形成する。（Zohar and Marshall 1994: 326）

社会生活もまた同様に、粒子のようであると同時に波動のようでもあるとみなすことができる。こうした考え方は、アンリ・ルフェーヴルの古典『空間の生産』（Lefebvre 1991）にもみられる。ルフェーヴルは、家を理解するには二つの方向があるという。ひとつは、がっしりと落ち着き固定した輪郭をもつ安定して動かないものである（「粒子」としての家）。これは、「不動性のシンボル」であり、明確で揺るぎなき境界を備えている（Lefebvre 1991: 92）。家をはっきりした「領域」とみなすことは、モルとロウの区分に立ち戻ることになる（Mol and Law 1994）。あるいは家を「波動」として、つまり、「想像しうるあらゆる回路に沿って家の内外に走るエネルギーのフローを通して四方八方から行き渡る」ものとして考えることもできる。後者において、不動性のイメージは、訪問客、電気、水、下水、配達、ガス、電話／コンピュータ接続、ラジオ、テレビ信号などを含む「移動の複合体、つまりうねりくねった管の連結のイメージに置き換えられる」（Lefebvre 1991: 93; Roderick 1997. Urry 2000b: ch. 1 も参照）。

ルフェーヴルはまた、商品が係留と動的《モバイル》ネットワーク（つまり粒子と波動）の双方をいかにしてあわせ持つのかについて考察を深めている。ルフェーヴルによれば、商品は、

このような係留ないし付着点なしには、また店舗や倉庫、船舶、列車、トラック、利用経路……の総体なしには、いかなる「実在性」ももたない。つぎつぎと重なり合い絡み合うネットワークが、この基盤を変容させ、その基盤を押しのけ、さらにはその基盤を破壊する脅威をもたらすというかたちで、この基盤にもとづいて築き上げられる。このネットワークは常に物質化されているが、にもかかわらず、その物質性を超えた存在である。たとえば小道、道路、鉄道、電話網などがそれである。（Lefebvre 1991: 402-3; 傍点は引用者による。本書第7章も参照）

おわりに

次章では、以上の議論を展開し、とくに種々のグローバル・システムが波動のようにも粒子のようにもみなすことができることを明らかにする。第一に、グローバルな波動を分析しなければならないだろう。不可逆の時間を通じた反復を通して、「新たな創発的な全体」が発現するようになる。そして、第二に、そうした波動がどのようにして無数の個別的な粒子から成り立っているのかを考察する必要がある。この粒子は、ヒト、社会集団、ネットワークなどであり、確固としたかたちで「空間、時間に位置しており、測定可能である」。後章では、そうした移動を可能にする時間的、空間的固定装置について

検討する。実際のところ、当の「実体」が動的《モバイル》になればなるほど、不動体は大きく広がったものとなる。

グローバルな波動と粒子の区別によって、本章で批判の対象となっている社会の、そして、とりわけグローバルなものの相対的に不動で固定された観念が捨て去られる。物質的営為は同時に粒子のようでも波動のようでもあり、係留されていると同時に動的《モバイル》なものである。そうした分析は、以上のような複雑で創発的な特徴を正しく捉え、本章で批判したグローバルなものを「領域」として捉える理解を超えさせてくれる諸概念を必要とする。このグローバルなものを領域として理解することは、創発的なグローバルなシステムにみられる型破りの現象を調べるために、どちらかといえば旧来的な領域カテゴリーを適用することから生まれるものである。次章では、数々のグローバル・システムに目を向け、ここでグローバルな統合ネットワークとグローバルな流動体と呼ぶものを通して分析を進めることにしたい。

第4章　ネットワークと流動体

メタファー

はじめに、現在のグローバル時代にとって適切なメタファーが何であるのかを簡単に考えてみよう。プレ・モダン社会は、しばしば、さまざまな動物、さらにはさまざまな種類の農業仕事のメタファーを用いて考えられてきた（その多くは、なお力を失っていない）。近代産業社会において支配的なメタファーは、時計、近代機械（鉄道、自動車、組立てライン）と写真レンズに関するものである。レンズは、世界を「見る」ことが決定的に重要である近代の認識論のメタファーである（Urry 2000b: chs 2, 4を参照）。カメラ・レンズの場合には、対象のひとつひとつの点と、感光板やフィルムに写る像のひとつひとつの点とのあいだに一対一の関係がみられる。レンズのメタファーに込められているのは、連続性、像の部分部分と全体像との分離、時間を通じて像が生み出され表現されていく際のある程度の長さをもった過程である（Adam 1990: 159を参照）。

これとは対照的に、ホログラムは複雑な情報時代にふさわしいメタファーである。ホログラム内の情報は、ホログラムの個々の部分に位置しているわけではない。むしろ、どの部分もみな、ボームが「内蔵秩序」と呼ぶところの全体の情報を持ち、ほのめかし、鳴り響かせているのである（Baker 1993: 142の引用）。ホログラムは、「全体を書くこと」を意味する。したがって、「ここでの焦点は、時間と空間を連続して横切りながら動いている個々の粒子にではなく、創発的な全体として同時的に寄せ集められている情報すべてに向けられている」（Adam 1990: 159）。ホログラムの場合、つながりが同時的かつ瞬間的であるために、原因と結果を区分けするような言葉遣いは適さない。すべては他のすべてをほのめかす。したがって、ホログラムには、相互に結びつきあっているとしても、個々別々の「部分」があると考えることはできない。ホログラムをみれば、有力な創発特性ないし波動のような特性は、その構成部分に由来するのでもなければ、そうした部分に還元することもできないことがわかる。ホログラムのメタファーは、いかに諸々の関係が瞬間的で、同時的で、ネットワーク化されているのかを捉えるものである。

ネットワーク

本章では、さまざまな空間のトポロジーについて検討するが、そのすべてに、ネットワークのなかで作用し、そしてネットワークを超えて作用するホログラムのような創発的な関係がみられる。ネットワークの概念もまた、「機械」よりもむしろグローバル時代に支配的なメタファーである（Kelly 1998; Rycroft and Kash 1999: 107）。実際、複雑性について著書を出しているカプラの論じるところでは、「ネットワーク」は、「生命のウェブ」の探究にたずさわる科学がみせた二〇世紀後半の進歩の鍵をなすものである。カプラは、「生命を目の前にするときはいつでも、ネットワークを目にする」と主張している（Capra 1996: 82）。ともあれ、グローバルなネットワークが、スペースシャトルを作り上げる一〇〇万ともいわれる構成要素を結び合わせるために入り組んだものになっていることを考えるならば、気象のモデル化にはおよそ一〇〇万の相互に結びついた変数が必要なことや、人間の脳が一〇〇億の神経細胞と一兆のシナプスを有していることにも注意すべきである（Casti 1994: ch. 3）。気象であろうと、脳であろうと、経済生活や社会生活であろうと、そうしたネットワークには、ホログラム内の関係のように、同時的に縦横無尽に動く膨大な数のメッセージがみられる。本章では、そうしたネットワークの有する数々の特徴について考えてみたい。

最初に、三つの基本的なネットワークのトポロジーがみられる点に注意することが有益である。第一に、多くのノードを有した線型ネットワークないしチェーン型ネットワークがある。これは、多かれ少なかれ線形的なかたちで広がるものである。第二に、スター型ネットワークないしハブ型ネットワークがある。そこでは、重要な結びつきがたいてい中心となるハブか複数のハブを通じて拡がる。第三に、全チャンネル・ネットワークがある。そこでの通信は同時にほとんどすべての方向にネットワークに沿って進展する（Arquilla and Ronfeldt 2001: 7–8 を参照）。ネットワークはまた、その紐帯がゆるやかに結びついているかきつく結びついているかによって違いがあり、第2章でみたように多くの安全システムにおいて、とりわけ後者が問題をはらんだものとなっている（Perrow 1999）。

あらゆるネットワークには強い紐帯と弱い紐帯があるが、グラノヴェッターが示したように、とくに顔の広さと情報フローからなる広範囲に及ぶ弱い紐帯こそが求職活動の成功の主要因となっている(Granovetter 1983; Burt 1992: 24-7も参照)。さらに、ネットワークに「構造的空隙」があるところでは、このことによって、情報収集力と他者への支配力を高める格好の機会がもたらされるとも論じられている(Burt 1992)。ネットワークのメンバー全体に及ぶ義務と互酬が、一方向のものであるか全方向のものであるかによってもネットワークは異なる姿をみせる。対面的なつながりにもとづく純粋に「社会的な」ネットワークにおけるつながりと、たとえば電話、メディア、コンピュータ・ネットワークなどのさまざまな「物質世界」に媒介されたつながりとを区別する必要もある(Wellman 2001)。

ネットワークはまた、他のネットワークと重なりあい相互につながっており、このことが「世間は狭い《イッツ・ア・スモール・ワールド》」という奇妙な現象として今日知られるようになっているものを生じさせている。ワッツの論じるところでは、「二人に共通の友人がいない場合であっても、その二人はほんの少数の知り合い関係によってつながっている、隔たった知り合い同士なのである」(Watts 1999: 4)。こうした隔たりのあるつながりは、広範なネットワークを介して信用をかち得るためにしばしば重要となる(アカデミックな「スモール・ワールド」に対するデイヴィット・ロッジの痛烈な批判[Lodge 1983]も参照)。以下では、あるネットワークがどこで終わり、別のネットワークがどこで始まるのかを明らかにできるという前提に立っている。しかし、「スモール・ワールド」現象が示すような社会的なつながりにみられるネットワーク化された連関性は、このことが多くの場合、少しも単純でなくわかりやすくもないことを示している。

ネットワークの力は、そのサイズに由来するということができる。そのサイズを示すのは、ネットワーク内のノードの数、各ノード間のネットワーク接続の密度、当該のネットワークと他のネットワークとのつながりである。サイズが最も重要な決定要素であるというのは、多くのノードがつながっていくにつれネットワークの値が単に算術的に増加するからだけではない。そうではなく、「ネットワークの合計値は、メンバーの数に二乗するかたちで増加する」(Kelly 1998: 23. 傍点は引用者による)。いいかえると、ノードの数がひとつずつ増加するにつれ、ネットワークの全体的な値ないし力は指数関数的に増加するのである。したがって、いくらかのノードや弱い紐帯を加えることは、既存のすべての「メンバー」に対してそのネットワークの価値を不釣り合いに増やすことになる。サイズは、イーサネット・ネットワークの初発の展開においてとりわけ重要であった。そこでは、数名の新たな参加者が全員に対してネットワークの価値を大きく高めることになった。同様に、電話会社はネットワークユーザー数が若干増加するだけで不釣り合いな利益を得ることになった。そして、個々のファックス機器の価値は、数台の機器が購入されるたびに著しく増大していった。

　たとえば、ケリーは、ネットワークがどのようにして出力の大きい非線形の増加をもたらすことができるかについて述べている(Kelly 1998: 25)。とりわけ全チャンネル・ネットワークが技術的に広げられる場合、ネットワークは長い期間にわたって、しばしば指数関数的な「収穫逓増」を通して「小さな入力を劇的に増幅させる」。こうした非線形的な結果は、マルコム・グラッドウェルが「転換点《ティッピング・ポイント》」と呼ぶものを越えて作動するシステムによって生み出される(Gladwell 2000)。この転換点については、以下の三つの捉え方がなされている。すなわち、出来事と現象は感染性を有している、小さな原因は大きな結果をもたらすことがある、さらに、システムが転換するときには、漸進的で線形的なかたちではなく劇的かつ瞬間的に変化が起こりうるという捉え方である。グラッドウェルが取り上げているのは、ファックスや携帯電話の消費量である。そのとき、システムが瞬く間に切り換えられ、突然、あらゆるオフィスがファックスを必要とするようになり、よく外に出る人はみな携帯電話を必要とするようになった。ここで鍵となるのは、富が、従来の経済学が想定したような稀少性からでなく偏在性から生まれていることである。新たなネットワーク化された接続によって自らを形成し拡大することが可能になるファックスを他の誰かがもつならば、各々のファックスはそれだけ価値のあるものとなる（Gladwell 2000: 272-3）。ひとつひとつの新たなファックスのもたらす利益は非線形的である。転換点に達すると、法外な利益がネットワークの至るところにあふれ出るのである。

以上のプロセスを理解する鍵は、ブライアン・アーサーによって展開された「収穫逓増」という考え方にある（Waldrop 1994）。これは、経済学者が通例、「規模の経済の増大」という概念によって理解してきたものではない。規模の経済は、たとえばフォードのような、単一の組織から起こり、そして単一の組織にみられるものである。そうしたひとつの企業内の経済は、生産量を増やし、長い期間をかけて生産物の単位あたりのコストを減らしていき、やがてさらなる利得がもはや得られない地点に達する。

これとは対照的に、「収穫逓増」の概念は、生産高（そして報酬や富）の指数関数的な増大に関わるものであり、この生産高の増大は、さまざまな企業の立地および経営の場となる諸々のつながりのネットワークを通してくまなく広がる。ネットワーク化された諸々のつながりの至る所に波及する「外部性」こそが、（安価のファックスの場合のように）生産高と収入の著しい非線形的な増大をもたらしうるのである。「ネットワーク経済」は、経済とその報酬の作用の仕方を変え、ときたま、結果として生じる損失とコストがシステムの他の部分にみられるものの、多大な非線形的な利得と利益を広げている（Kelly 1998）。単位間の調整の改善から、さらには、ネットワーク全体で見られる組織的学習のプロセスから収穫逓増が生じることもある（Rycroft and Kash 1999: ch. 9）。

収穫逓増は、正のフィードバック・メカニズムに関する複雑性分析の一例である。収穫逓増のかたちをとるような正のフィードバックは、経済的富の驚くべき増大をもたらすこともある（Waldrop 1994）。その見てすぐわかる例は、一九九四年頃に最初のウェブ・ブラウザの発明という「小さな」ローカルな変動から現われたインターネット革命であり、世界的な電子商取引の予期せぬ創発である（Castells 2001を参照）。この創発は、その前の一〇年にわたる既存の地域市場と国家市場の崩壊、そして新たなネットワーク化の潜在能力の拡大によって促された（インターネットがもたらした顕著な変化に対する当事者の見解については、Gates 1999を参照）。時間の経過とともに、ネットワークには、正のフィードバックが重要なものとなるゆえ、平衡に向かう傾向がみられなくなることもある。つまり、動的《ダイナミック》で不可逆の変化が起こり、この変化は、その特定のトポロジーにもとづくかたちで、時間の経過とともに不可逆的かつ予測不可能的にシステムを平衡から遠く離れたものとするのである。

さらに、以上のような収穫逓増は、社会技術の開発のパタンが「経路依存」しているとする理論とも関連がある。経路依存の概念は、時間の経過とともに出来事やプロセスが秩序化されることの重要性を浮き彫りにしている。線形モデルに反して、出来事やプロセスがはっきりと起こる際の時間的なパタン形成は、それらが最終的に向かう道に大きな影響を及ぼす（Mahoney 2000: 536）。因果作用は、実際のところ、偶発的なささいな出来事から始まり、その後収穫逓増を通して長いあいだロックインされる非常に強力な一般的なプロセスへと及ぶこともある。経路依存した発展のプロセスにおいては、「歴史が重要である」(North 1990: 100)。

この経路依存は、典型的には小縮尺のローカルな理由によって打ち立てられる。たとえば、最も有名なものとしてタイプライターのQWERTYキーボードをあげることができる。これは、そもそもはタイピストを減らすために一八七三年に導入されたものである。QWERTYの配列は、タイピストが普段よりゆっくりタイプすれば、タイプライター・キーが動かなくなることを意図して作られたものであった。しかし、一九世紀後半に上述の小縮尺の理由のためにキーボードの配列がひとたび確立されると、この配列は、二〇世紀後半の著しい技術的変化を経てもなお「キーボード」なるものに残り続けている(North 1990; Arthur 1994a を参照)。

経路依存の長期の影響という点でさらに重大であったのが、一八九〇年代に車を動かす燃料の選択肢のなかでガソリン自動車が優位を占めるようになったことである。当時、電動力も蒸気動力も、将来性のある燃料方式であった(Motavalli 2000)。しかし、技術的には望ましくなかったものの、ガソリン自動車の「経路依存」がロックインされることになった。しかし、ひとたびロックインされると、その後はご存じのとおり、驚くべき数の他の産業、活動、利益がガソリン自動車を軸にして展開するようになった。ノースはより一般的につぎのように論じている。「ひとたび発展の経路がある特定のコースに設定されると、ネットワーク外部性、組織の学習過程、諸々の問題をめぐる歴史に由来する主観的モデル化がそのコースを強化する」(North 1990: 99)。

ここでの鍵は、「小さな偶然の出来事が正のフィードバックによって増幅されていく」こと、そしてこのことがシステムを「ロックイン」することであり、こうして、途方もなく多大な収穫逓増ないし正のフィードバックが時間の経過とともに発生することである（ブライアン・アーサーによるが、ここではWaldrop 1994: 4の引用。Mahoney 2000も参照）。どちらかといえば決定論的な慣性パタンが、正のフィードバック・プロセスによって、すでに確立したパタンを強化する。こうして、「ロックイン」を通じて変化が増幅されることで、時間の経過とともにシステムは、「平衡」点と考えられるものから、そして、「効率」の観点から最適であろうもの、たとえば非ＱＷＥＲＴＹ型のキーボードや電気による自動車駆動（Motavalli 2000）から引き離されることになる。

最適なものとして明確に特定できるひとつの平衡点が必ず存在する、などと考えるべきではない（「社会学的な」経路依存に関しては、Mahoney 2000を参照）。いくつもの平衡が存在する。したがって、システムが生み出す平衡へと向かう単一の動きは何ら存在しない。さらに、ロックインの重要性から、システムの発達の仕方に対して制度が非常に重要な位置を占めることがわかる。そのような制度が生み出しうる長期的な不可逆性は、「より確かに予測できるし、反転させるのはいっそう難しい」（North 1990: 104）。ロックインされた制度プロセスを反転させることがいかに難しいのかを示す格好の例が、ガソリン自動車が偶然に作り上げられた後、なお一世紀にわたってその影響を及ぼしていることである（Sheller and Urry 2000を参照）。

正のフィードバックと経路依存が見られるところで、偶発的な出来事が決定論的な結果をともなう制度パタンを動かしはじめることが可能となり、このことが世界中で作動しているさまざまなネットワークの力の要をなしている。グローバルなネットワークはサイズが大きく、そのノード内で濃密な相互作用を促し、他のネットワークと相互作用し、そして、これまでに類をみない範囲と影響力をますます拡大している。グローバルなネットワークは、人間の意図と行動から直接的かつ一義的に立ちあらわれるものではない。人間は、機械、テクスト、モノ、その他のテクノロジーとともに複雑にネットワーク化されている。純化された社会的ネットワークは存在せず、モノとの特有の複雑な社交性がみられる「物質世界」だけがある（Latour 1993; Knorr-Cetina 1997）。

したがって、こうしたネットワークには、一連の新たな機械とテクノロジーがみられ、これらが時空間上にネットワークを広げている。そうしたものとして、光ファイバー・ケーブル、ジェット機、視聴覚放送、デジタルテレビ、コンピュータ・ネットワーク、衛星、クレジットカード、ファックス、電子ＰＯＳターミナル、携帯電話、電子証券取引所、高速鉄道、バーチャル・リアリティ、核や化学、従来の軍事技術と兵器、新しい廃棄物と健康リスクなどがある。こうした機械とテクノロジーは、驚くべき速度とスケールから成り、新たな流動性を生み出している（「ナノ秒の九〇年代」に関しては、Peters 1992を参照）。

以上のスケープは、さまざまなかたちで世界中でネットワーク化されたつながりの構築を促している。しかし、本書では、これまで広範にわたる多種多様なシステムに言及するために「ネットワーク」ないし「ネットワーク化」という語を用いてきた。第1章で述べたように、カステルも同様にさまざまなプロセスに言及するために「ネットワーク」の語を使用しているが、その内容は区別されなければならない。したがって、これら「ネットワーク化されたつながり」のさまざまな様態を捉えるために、ここではグローバルに統合されたネットワーク（グローバル統合ネットワーク）とグローバルな流動体（グローバル流動体）とを区別することにしたい（本書第3章、Mol and Law 1994; Law and Mol 2000を参照）。次節では、グローバル統合ネットワークの性質について検討する。

グローバルに統合されたネットワーク

グローバル統合ネットワークは、いくつもの遙かな空間と時間を横断して伸びゆくヒト、モノ、テクノロジー間の、複雑で永続的で予測可能なネットワーク化されたつながりによって成り立っている（Law 1994: 24; Murdoch 1995: 745）。相対的な距離は、そのネットワークを構成する構成要素間の関係の関数である。あるネットワークの不変の結果、たとえばオランダにおける貧血症検査の結果は、しばしば領域の境界を乗り越えるかたちで、ネットワーク全体に伝えられる。諸々の事物は、こうしたネットワーク化された関係を通して近いものになる。テクノロジー、技能、テクスト、ブランドのネットワーク、グローバルなハイブリッドによって、同じ「サービス」ないし「製品」が全ネットワークにわたってほとんど同じ方法で届けられることを可能にしている。こうした製品は予想可能で計算可能なものであり、ルーチン化され、標準化されている。

グローバル統合ネットワークを通して組織される「グローバル」企業は数多くみられる。たとえば、マクドナルド、アメリカン・エキスプレス、コカ・コーラ、マイクロソフト、ソニー、グリーンピース、マンチェスター・ユナイテッドなどがあり、それぞれにグローバルなネットワークに関わっている。いわゆる「マクドナルド化」に関わっているのは、グローバルな規模で最低限の中心組織で組織された企業である（Ritzer 1992, 1997, 1998 を参照）。マクドナルド化は、とりわけ若者に対して新たな種類の低熟練の標準化された仕事（マックジョブ）を作り出し、人びとの食習慣を一変させる新製品を提供し、たとえば、お持ち帰りのレストランで標準化されたファストフードを買って食べるといった新たな社会習慣をもたらしている。

実際に、現在この惑星を巡り回る多国籍な企業のほとんどは、グローバル統合ネットワークを通して組織されたものである。これらの「組織」は、一般的にネットワーク全体に及ぶ「欠陥」をほとんど生み出さない。ある面で、こうしたネットワークは、自らが作動しているしばしば非常に乱雑な環境を打破するために存在している。そして、ほとんど瞬間的、同時的なコミュニケーションをともない、ブランドや関連する製品、さまざまなサービスが地球の全域をほぼ同じかたちで巡り回ることを可能にしている（グローバルなブランドに関しては、Klein 2000; Sklair 2001 を参照）。

東アジアのマクドナルドにみられるように、ローカルな状況に対して限定的に適応することもある。しかし、たとえ地元の所有者・経営者が日々の経営にたずさわっているとしても、グローバルなネットワークが最終的には勝利を収める（ビッグマックがいかにしてすべて同じ味になっているのかについては、Watson 1997: 22 を参照）。シンガポールのマクドナルド社の代表は、つぎのように説明している。「マクドナルドが売っているのは……ひとつのシステムであって、製品ではありません」。この「システム」はハンバーガー大学で教えられ、六〇〇ページの運用・訓練マニュアルに体系化されている（ibid.: 21）。このグローバルなネットワークの鍵となる特徴として、製品の標準化だけでなく、見知らぬ人に対して標準化され管理された「スマイル・サービス」も含まれる。さらに、こうしたグローバル統合ネットワークは、「オリジナルよりはむしろリアルである」ようにみえる「体験」のシミュレーションをも提供している（Baudrillard 1983; Eco 1986; Ritzer 1997; Rifkin 2000）。

グローバル統合ネットワークは、グリーンピースのような一部の反体制組織にもみることができる。他のグローバルなプレーヤーと同じく、グリーンピースは世界の至る所でそのブランド・アイデンティティを育て維持することに腐心している。グリーンピースのブランド・アイデンティティは、さまざまな社会で、「組織の現実的な成功に加えてエコロジカルな美徳の世界的な象徴になっているイコン的地位」を保持している（Szerszynski 1997: 46）。

こうしたグローバルなネットワークは、著しく「脱領土化」されている。時間と空間を変形させ湾曲させるかたちで、諸々の場所のなかで、そして諸々の場所を通り抜けて作動する。こうしたネットワークは、新たな世界秩序を構成する最も強力な一連の「粒子」のひとつとなっている。このネットワークが非常に強い力を有しているのは、とりわけ、その移動性、ネットワーク化された性格、そして、自らのグローバルなブランドと内生的な自己組織的性格を活用することで収穫逓増を生み出すことのできる力のためである（Klein 2000）。

しかし、こうしたグローバル統合ネットワークには、三つの弱点がみられる。第一に、ネットワーク化された組織が組み合わさることで、個々の企業がなしうるよりも非常に大きな収穫逓増を生み出すことができるために、パソコンの場合のＩＢＭのように、そうした個々の企業はグローバルな市場のなかで、そのパフォーマンスが劣ったものになってしまう場合がある。

第二に、グローバル統合ネットワークを礎とするグローバルなブランドの力は、ちょっとした出来事によってほとんど一晩のうちに消えてなくなってしまうことがある。モンサントのブランドは、遺伝子組み換え食品の生産とつながっていたために消失した。実際に、ブランドが力を持てば持つほど、多くのものが失われることになる。クラインは、創発的なグローバル秩序の諸スケープに沿ってもたらされるグローバルなブランドに対して、さまざまな抵抗が広がりをみせていることを的確に示している(Klein 2000)。以下、エンロンの資料を破棄した監査法人アーサー・アンダーセンのような個々のグローバル統合ネットワークに対して、広範囲に及ぶ結果をもたらしかねないスキャンダルの複雑な性質について検討するつもりである。

そして、第三に、こうしたひとつひとつの企業は、変化する状況に対して柔軟に対応する能力を欠き、つねに脆さをみせる場合もある。こうした企業は旧東欧の計画経済とはまったく異なっているのかもしれないが、「流動性」と「フレキシビリティ」の欠如は、これらの企業が捉まえようと躍起になっている欲求、味感、スタイルの流動的な変化に対してひどいもろさを示すこともある。しばしば、そうした企業は、適切な組織的学習を実行するのに十分な流動性を有していない(Rycroft and Kash 1999 を参照)。

次節では、他のグローバルなハイブリッド、グローバルな流動体に目を向ける。グローバルな流動体の性格ははるかに「液状的《リキッド》」である。

グローバルな流動体

エミール・デュルケムは、「感覚的表象」の性格を流動的で不安定で信頼に値しないものとして批判した。感覚的表象は、「永久の流動にある。それらは、次から次へと川の流れのように押し寄せ、継続している間でさえも、同じ姿であり続けることはない」(Durkheim 1915/1968: 433)。デュルケムによれば、科学に必要なのは、こうした流れる時間と空間からの抽象であり、こうして適切な「集合表象」である概念に到達するのだという。デュルケムは、概念を、永続的、感覚的、表面的な流動の移ろいの基底にあるものとみている。概念は時間と変化の外側にある。概念は、勝手に動くものではない。概念は確固としていて不変であり、それを明らかにすることが科学の役割である。科学には、表層に位置し絶え間なく移ろう「感覚、知覚、心象」に引きずられないことが求められる(Durkheim 1915/1968: 432-4)。

しかし、こうした「構造的な」視点には同意できない。「移動の社会学」の展開のためには、社会的で物質的な生活を「川の流れのような」ものとしてみるメタファーが求められる。諸々の集合表象のいくつもの変容を捉えるためには流動的な概念が必要であり、そこでの「集合的な」関係はもはや社会組成的でも構造的でもない。現代の多くの書籍では、現代の社会生活、海、川、流動、波動、液状の諸相を捉えるためにさまざまな流動的なメタファーが展開され練り上げられている(Bachelard 1942/1983; Urry 2000b)。レイモンド・ウィリアムズは、潜勢的な「感情の構造」を「溶解状態にある」社会的な経験として表わしている(Williams 1977: 133-4)。カステルは、「フローの力」について論じている(Castells 1996)。アパデュライは「フロー」、「不確実性」、「カオス」のメタファーを肯定的に論じ(Appadurai 1996)、ドゥルーズとガタリは渦動する身体について述べている(Deleuze and Guattari 1986, 1988)。シールズは、フローをまったく新たなパラダイムとみなすべきである、と論じている(Shields 1997)。ホワイトは、社会的世界を、無秩序で粘着質の「ゲルとべとつくもの」によって構成されるものと特徴づけている（White 1992）。モルとロウは、広く「流動空間性」について考察を深めている（Mol and Law 1994; Sheller 2000も参照）。

では、グローバルな流動体という概念は何をいおうとしているのだろうか。第一に、流動体は確かにネットワークをあわせ持つとはいえ、ネットワークのような概念は流動体が取り得る不均等で、創発的で、予測不可能な形状を正しく扱うものではない。また、そのような流動体の一部は、グローバルな秩序のさまざまな「スケープ」つまり、機械、テクノロジー、組織、テクスト、フローのネットワークによって構築されており、これらはフローの中継《リレー》を可能にする相互連関した種々のノードを構成している（Greham and Marvin 2001）。グローバルな流動体はこうしたさまざまなスケープに沿って移動しているが、しかし、流動体は、むしろ白血球のように、「壁」を通り抜けて周りの物質に逃げ込み、その物質に対して予測不可能な結果をもたらすこともある。流動体は、既存のスケープの線形的なクロックタイムから逃げだすとともに、目新しい形状と時間性に合わせて動く――しかし流動体は、時間の不可逆性のために、戻ることも帰ることもできない。

さまざまな粘性を備えた数々の流動体によって、複雑性プロセスの手に負えない力が作り上げられている（Kelly 1995を参照）。流動体は、ローカルな情報にもとづいて行動する人びとから生じるが、そこでのローカルな活動は、無数の反復を通して、いくつものグローバルな波動のなかで捉えられ、動かされ、表象され、市場化され、一般化され、しばしば、非常に離れた場所と人びとに対して影響を与える。ヒト、情報、モノ、カネ、イメージ、リスク、ネットワークの「粒子」は、さまざまな領域のなかを、そしてそれらを超えて動き、異種混交し、不均等で、予測不可能で、しばしば無計画の波動を形成しているのである（Urry 2000b を参照）。そのような波動は、明確な起点を示さず、ある速度で、さまざまなレベルの粘性をもって脱領土化した運動を見せ、そこに何らかの必然性や最終目的をみることはない。このことが表わしているのは、そうした流動体が自らの挙動のコンテクストを時間の経過とともに創り出しているということであり、そのようなコンテクストによって「引き起こされる」ものとしてみられるものではない。これらのグローバルな流動体のシステムはある面で自己組織的であり、自ら境界を創り出して維持している。

ここで、こうしたグローバル流動体についていくつか描出しておきたい。そして次章では複雑性分析を展開することによって、グローバルな流動体がいくつもの時間と空間を超え、繰り抜けて広がるなかで、グローバル流動体のあいだで起こる不可逆で非線形の交合を明らかにする。そのうえで、ある面で領域とネットワークの双方に対して因果的な影響力を行使させないようにさせている社会的世界のグローバル化の分析において、グローバルな流動体が決定的に重要なカテゴリーとなっていることを示す。

旅する人びと

旅する人びととは、さまざまな輸送スケープに沿って移動している。二一世紀初頭、国境を越える移動は一年あたり七億件以上に達している（これに対して一九五〇年は二五〇〇万件であった）。つねに三〇〇万人の乗客が米国上空を飛行しており、この数はひとつの中規模の都市に匹敵する。三一〇〇万人の難民と一億人の国際的な移民が世界規模でみられる。そして、国際的な旅行は、これまでに起こった境界を越える人びとの動きのなかでも最も大規模なものとなっており、その数は、世界貿易の一二分の一以上を占めるものとなっている（Makimoto and Manners 1997: ch. 1; Papastergiadis 2000: 10, 41, 54; WTO 2000）。この流動体の重要な構成要素はトランスナショナルな資本家階級で成り立っており、そうした階級による主要な産業、金融、サービスのハブ間の優雅な旅程がとてつもなく大きな比重を占めている（この階級の生活については、Sklair 2001 を参照）。

旅する人びとの流動体は、地球のほとんどあらゆる場所を巻き込んでいる（一九〇を超える国で旅行統計が公表されている）。ここにみられるのは、仕事関係で旅をする人びとであり、合法的な、そして今日では非合法的な旅が増えている。また、余暇や娯楽のために旅をする人びともみられ、やはり合法的なものと非合法的なものからなる。さらに、難民や亡命希望者として旅する人びと、移住者として自発的に密入国する者、短期の使い捨ての奴隷として強制的に密入国させられる者もいる。最も急速に増えている密輸の形態は、多くの場合、厳重な警備のもとにあり、実効力のある境界を越えて動く人びとの密輸であり、これにともなって国際的な「奴隷」貿易の発展がみられる。いまや、一八世紀の奴隷売買の絶頂期よりも多くの奴隷が存在すると考えられている（Bales 1999: 9）。

このように非常に多岐にわたる旅をしている人びとは、「近代の非場所」、たとえば空港のラウンジ、駅、高速道路のサービスエリアなどで、断続的に出逢っている（Augé 1995. もっとも「ビジネス・ラウンジ」が、トランスナショナルな資本家階級をその他の大部分の旅行者から切り離しているが）。こうしたさまざまな人びとはまた、重なり合い、ひとつのカテゴリーが別のカテゴリーに融解するなかで、旅することを誘発するだけではなく、多様で複雑でカテゴリー化が困難な「旅する文化」を生み出している（Clifford 1997; Rojek and Urry 1997 を参照）。さらに、二〇〇の国民国家が存在する一方で、少なくとも二〇〇〇の「国民《くにたみ》」が存在し、そのすべてが転地、移動、あいまいな位置づけを経験している（R. Cohen 1997: ix–x）。旅する人びとのグローバルな流動体を通して形成されるそうした「社会」のなかでも、ひときわ異彩を放っているのが「華僑」である（R. Cohen 1997: ch. 4; Ong and Nonini 1997）。こうした広範囲に及ぶ、カテゴリー化が困難な現代の移民は、しばしば予想外の場所のあいだで揺れ動くフローをともない、「新しい物理学」の言語によって説明されてきた。すなわち、これらの移民パタンは、乱流状の波動の連続とみなすことができ、そこでは、渦巻き状の階層とともに、抵抗力を惹起するウイルスのようなグローバリズムがみられ、そして、平衡と思われる状態から離れて動く滝《カスケード》のような移民システムがみられる（Papastergiadis 2000: 102–4, 121）。

インターネット

このどうにもはっきりしないテクノロジーは、一九七〇年代から一九八〇年代にかけて米国の国防関連の諜報機関によって案出されたものであるが、当初の思惑を越えて、いまでは世界中に広がる驚くべき多対多の通信システムになっている。この分散的で水平的な、軍事ベースのシステムの、巨大なグローバルなインターネットへの変容は、アメリカの科学的な研究ネットワークから生まれた種々の小規模の変化および、水平的な開かれたアクセスを有するコンピュータ・ネットワークを作ろうとするカウンター・カルチャーの取り組みから生じたものである（学生が一九七八年にモデムを、一九九二年にモザイク・ウェブブラウザを「発明」した［Rushkoff 1994］）。カステルは次のように論じている。「システムの開放性もまた、初期のハッカーとネットワーク熱中者が行なってきた自由アクセスと継続的なイノベーションのプロセスから生まれたものである。そして、こうした人たちは今もなおネット上に無数に住み着いている」(Castells 1996: 356)。

インターネットは、実業界や単一の国家官僚機構のなかから生まれたものではない(Castells 2001 による卓越した歴史を参照)。かなりの程度、インターネットのユーザーは、インターネットのテクノロジーそのものの主要な製作者である。インターネットのオートポイエーティックで自己組織的な性格は、以下のように描き出されている。

ワールド・ワイド・ウェブを構成する中心装置や命令系統はどこにもない。……ハードウェアの類を取り付けることなく、単に既存のコンピュータ、ネットワーク、切替器、電話線にほとんどただ乗りするだけで動くようになる。これは多重的で、ボトム・アップ型で、ばらばらで、自己組織的なネットワークとして現われた最初のシステムのひとつであり、……中央の統制がなくとも創発するものとみることができる。(Plant 1997: 49)

インターネットはまた、あるひとつの目的、つまり核攻撃の際の軍事通信のために発明されたテクノロジーが、反復と経路依存を通して、その初期の開発者がまったく予想だにしなかった目的へと予測不可能かつ不可逆に発展することの格好の例でもある。インターネットは広範に及ぶ世界規模の活動となり、そのユーザー数は一九九五年には一六〇〇万人、二〇〇一年前半には四億人、そして二〇〇五年には一〇億に達すると予測されている(Castells 2001: 3)。インターネット上の情報は、二、三か月ごとに二倍になっている（Brand 1999: 14, 87）。途方もない経路依存のパタンが敷かれ、そのパタンはカステルの分析するところでは、「勝者がすべてを得るシステムであって、それはニューエコノミーにおいてビジネス上の競争を特徴づけるものとなっている」（Castells 2001: 100）。

　インターネットは、国民社会によって有効に監視することも、コントロールすることも、検閲することもできない水平的なコミュニケーションを可能にしている。インターネットは、「しなやかで非階層的でリゾーム状のグローバルな構造」（Morse 1998: 187）を有しており、アーカイブ内のモノの境界をどこまでも流動的なものとする水平的なハイパーテキスト・リンクにもとづいている（Featherstone 2000: 187）。インターネットは、幾千ものネットワーク、ヒト、機械、プログラム、テクスト、イメージをともなう流動的な社会生活のメタファーとみなすことができ、そこでは、準主体と準客体が、混じり合って新たなかたちをしたハイブリッドとなっている。これまでの新たなコンピュータ・ネットワークとリンクは、ほとんどが無計画の混成したパタンをとって増幅している。こうした流動体空間は、混成の世界である。メッセージは、どちらかというと、いくつもの毛細管を通る血液のように「はいり込む」。流動体は、欠損をうまく避けることができる。こうしたコンピュータ・ネットワークは固形でも安定したものでもなく、偶発的である。ハイパーテキスト・プログラムとインターネットは、「原理原則、ヒエラルキーを組み立てる中心点なき脚注の網」を構成している（Plant 1997: 10; 本書第3章も参照）。こうしてデジタル化された情報は、「原因と結果、目的と手段、主体と客体、能動と受動の区分を消し去っている」（Luke 1995: 97）。

このグローバルな流動体はインターネットと緊密につながっている。まさに「知識」が「情報化」されてきているのである。知識は、かつて一定のかたち（原稿、本、地図）で与えられ、一定の場所（資料館、博物館、図書館）に置かれ、一定の人びと（学者、文書保管係、地図制作者）の心のなかで血肉化されてきた。こうした適度に固定された知識の保管庫は、破壊することも抹消することもできた。実際、本や原稿、絵画、地図、さらにはアレキサンドリアのような大図書館は焼き落とされ、知識は物理的に消滅することになった（Brand 1999: ch. 12）。

しかし、知識はいまやデジタル化された情報に変わっている（Featherstone 2000）。これは、物質世界の重要性を示しており、モノ、テクスト、テクノロジー、身体を結び合わせるハイブリッドによって、世界のあちこちに小さく重量のない情報のビットが伝達されているのである。この移行の物理的要素ないし社会的要素の分析は、それだけでは意味をなさない。さらには、「情報身体」の成長とともに、自然自体が遺伝子コードへと変容しており、所有およびアクセスの対象となり、社会的に流通するものとなっている（Franklin *et al.* 2000: 128–9）。

さらに、この変化は、（中世には鎖付き図書までも備えていた）もっぱら個々の学者が使用する静止した木製の固定「机」から、誰もが使用できる短命で、持ち運び可能で、交換可能な「デスクトップ」へというメタファーの移行を通じて理解することもできる。あるいは、特定の宗教的な「イコン」から、至るところにあり即座に認識できるコンピュータの「アイコン」への移行もみられる。デジタル化とともに、情報は物質的な形態ないし存在態様からかなり隔たった移動のパタンとモードを採っている

（Hayles 1999: 18–20）。情報は、至るところにあり（そしてどこにもなく）、（多かれ少なかれ）グローバルな通信の流動ネットワークに沿ってたちどころに伝わる。個々のコンピュータは自らの記憶を消し去ることができる（消し去ろうともする！）とはいえ、その保管庫は中世の図書館のように焼き尽くされることはない。

ネットワーク化し、空間的な違いが生じない情報が異常なまでに増えることによって、ひとつには短命で流動的なデジタル情報に対して課金することが困難であるために、商業と仕事のありように変化が起きている（Castells 1996）。この情報の流動体は、科学的な情報の圧倒的な量と複雑性の指数関数的で不可逆的な増大のために、教育と科学のありようを変えている（Rescher 1998: ch. 4; Urry 2002a）。もっと一般的にいうと、「グローバルな遠隔通信のマトリックスによる新たな人工的生活様式」が「非線形的で、非対称的でカオス的に無秩序に組み合わさった」ものとして描かれている（Imken 1999: 92）。メディアは「さすらい」、視聴者も映像も同時に循環し続ける。ローカルな空間やナショナルな空間に結びついた回路や観客に収まるものはないのである（Appadurai 1996）。

戦争は、少なくともバーチャルな兵器をコントロールしている者にとっては、必然的に「バーチャルな戦争」に変わってきている。こうした「バーチャルな戦争」は、「スクリーンのなかで起こっているように思われる。……戦争は観戦の歓びを与える。……戦争が見世物的なスポーツになるとき、メディアは作戦遂行にとって決定的に重要な舞台になる」（Ignatieff 2000: 191）。戦争はもっと全般的にみればネットワーク化され、情報化されており、そこで、「ネットワーク中心の戦争」と、アルキーラとロンフエルトが国家以外のアクター間でしばしば起こっている「ネット戦争」と呼ぶものとの創発がみられる。

世界貨幣

ストレンジはこのグローバルな流動体を一種の「カジノ資本主義」として説明しており、独立し自己組織的であり、個々の国民経済および世界の生産と取引に関わる特定の産業とサービスを超えて動いているとしている（Strange 1986; Castells 1996; Leyshon and Thrift 1997 も参照）。日々の外国為替取引高は、世界の一日あたり輸出高の六〇倍に相当する（Held *et al.* 1999: 209. この比率は、一九七九年から一九九五年の間に五倍に増大した）。貨幣は、とりわけその将来の価値に置き換えて、貨幣と交換される。こうしたグローバルな流動体は、「ジャスト・イン・タイムの二四時間ネットワーク」を通して編成されている。ここでは、非常に不確実な未来の推測と賭けが行なわれている。すなわち、「トレーダーは時間そのものを下取りに出している。つまり、刻一刻変わる価格と価値の高下を扱っている。価値とは、貨幣そのものの、そして、もっと抽象的には、将来の時点の貨幣の価格に対する最も抽象的なかたちでの表現である」（Boden 2000: 189）。

この将来の商品化によって、貨幣がまとめられ調整される場である領域やネットワークを横断し飛び越える、並外れて流動的な動きが生み出されている。税を最小にして、非合法的な資金のロンダリングを助長するように設計されている「オフショア」の場へと流れ込む大規模な貨幣の動きがみられる。マルティンとシューマンは、複雑性の観点によってこの帰結を次のように説明している。「資本に対する規制（国境検査）の放棄は、したがって、ある力学、すなわち、国の主権をシステマチックに無効にすることで、かねてよりひどくアナーキーな意味合いを帯びているとみられてきた力学を打ち立てた」（Martin and Schumann 1997: 61）。同時に、国による規制はいまではそれ自体が金融上の利得の源になっている。というのも、「金融規制はいかなるものであれ一国で行なわれているかぎり、それは回避されるようにしか作られていないように思われる」からだ（Eatwell and Taylor 2000: 37. 引用箇所の原文はすべて強調）。

さらに、ここ数十年のあいだには、さまざまな金融市場間の「ファイアウォール」の解体がみられた。結果として、「ミクロ経済上の反応がマクロ経済上の感染へと容易に拡大しうる」ように、「システムのあらゆる部分がいまや相互に緊密に結びつきあっている」（Eatwell and Taylor 2000: 45. 傍点は引用者による）。とくにいわゆるデリバティブの取引がからんでいる場合に、このことがグローバルな金融市場のなかで極度の価格の揺れ動きをもたらすことになる。こうした金融商品は、金融システムが自ら創り出してきたリスクを管理するために開発され、つぎには、新たなシステミックなリスクをもたらす。値動きは平衡から急速に離れるが、それは「極度な価格に大量の取引が集中してしまう美人コンテストの累積効果」から生まれる（Eatwell and Taylor 2000: 13. さらに「転換点《ティッピング・ポイント》」における感染の役割については、Gladwell 2002 を参照）。

したがって、貨幣だけが非常に流動的であるのではなく、グローバルな金融危機もまた非常に流動的である。イートウェルとテイラーが考えているのは、「近年のアジア危機とロシア、南アフリカ、ラテンアメリカへの危機の感染的な広がり」である（Eatwell and Taylor 2000: 26; 傍点は引用者による）。そして、これまでのところ、こうした流動とその結果として生じる「感染の流行」や負のフィードバック・メカニズムの欠如に対して、そして、全システムが「自己破壊」する潜在的可能性に対してグローバルな金融規制を達成する国際組織は存在しない。すべての外貨取引に対して一パーセントのトービン税を課すことが提案されているが、この提案は、事実上、以上のグローバルな流動体による感染の影響を抑えるように設計されたものである（Martin and Schumann 1997: 82）。

グローバルなブランド（ロゴ）

グローバルなブランド（ロゴ）は、ますます地球を巡り回るようになっている。グローバルなブランドは、途方もない力を有し、至るところに広がっている。こうしたブランドは、最も成功した会社が、製品の製造者からブランドの製作者になりゆく過程から生まれている。グローバルなブランドにみられる流動体のような力は、マーケティング、デザイン、スポンサー、広報、広告費から生まれ、そうした企業は「記号のエコノミー」になっているのである。このようなブランドとしては、ナイキ、アップル、ギャップ、ペプシ・コーラ、ベネトン、ボディーショップ、バージン、スウォッチ、カルヴァン・クライン、ソニー、スターバックスなどがあげられる。

ブランド化の過程の中心をなしているのが「グローバルなティーン市場」であり、そこでは、およそ一〇億人の若者が、世界のすみずみから、そして中国本土のなかでさえ、同様の消費者ブランドを偏ったかたちで消費している。MTVは、このグローバルなティーン市場の重要なスケープであり、一九九九年には八三か国で放送されるようになった（Klein 2000: 118–21）。

したがって、ブランドは製品の結果であるというよりも、製品がブランドの結果なのである（Franklin *et al.* 2000: 168–9）。ブランドは、非常に多岐にわたる製品のあいだにつながりを創り出し、そのつながりを維持している。かくしてブランドは「コンセプト」やライフスタイルを生み出す。「こうしたブランドは、店舗や製品製造という実世界の負担から解放され、モノやサービスを売るというよりは共同幻影として自由に空をかけている」(Klein 2000: 22)。こうした流動体のようなブランドの力は本質的に「文化的」であり、(ランニングシューズであろうと、ボディローションであろうと、飛行機旅行であろうと、セーターであろうと) 仕事場や労働力、製造され売られるモノに備わっているものではない。

ナイキの場合は、「文化空間をひとのみにしてしまう企業」であり、圧倒的な「噴射力」、文字どおり自由に動くシニフィアンがみられる (Goldman and Papson 1998; Klein 2000: 51)。そして、この力は潜行性をはらんでおり、各々のブランドはクローニングを通して複製され、多様な「文化的」世界に浸透する。ボディーショップとスターバックスについていえば、「自らのブランドのコンセプトをウイルスのようにまき散らすことで強力なアイデンティティを育て、あらゆる手段を用いて文化に浸透した企業である。それは文化イベントのスポンサーとなり、政治論議を巻き起こし、消費者に経験を提供し、ブランドを拡大している」(Klein 2000: 21)。

さらに、ブランドはただ下へ下へと浸透していくだけではない。というのも、ブランドはしばしばストリートの生活と文化、都会に住む黒人青年《アーバン・ブラック・ユース》、ニュー・エイジ、政治的な抵抗、労働運動、環境保護者《グリーン》などから創発しているからである。ブランドは強力なコンセプトであるが、しかし、つねに動いており、しばしば抵抗の文化を含む諸文化に出たり入ったりして予期しない方向に流れる。実際、ほとんどの組織はこのグローバルな流動体のブランド化の影響を受け、そしてその要素となり、大学、NGO、政府、芸術家、慈善団体、政党、病院、建築などはすべてブランドの生命の一部となりつつある。

こうしたブランドは、収穫逓増を示している。すなわち、ブランドは、使われ続け、時間に時間を重ねながら、自らの力を高め、押し広げる。ブランドの力は使い果たされることなく増えていくのである。ナイキが搾取工場労働者を利用していたことに対する激しい抗議運動にみられるように、ブランドが大々的な政治的抗議を受けることがあるが、そのときでさえも、そうしたブランドの力と範囲、遍在性は強まっていく。ブランドは超領土的で超有機的で、自在に流れ、「グローバルな自然、グローバルな文化における交換媒体を規定している」(Franklin *et al.* 2000: 182)。

自動車運転

はかりきれない影響を及ぼすこのグローバルな流動体は、ほぼ「ウイルス性」のものとみなすことができ、北米から飛び出し、世界の端々の社会的身体の大部分に仮借なく広がり、そして社会身体を支配している。自動車による物理的な移動は、環境上のコストが高くつき、二酸化炭素排出の三分の一の原因となっている。世界の車による移動は、一九九〇年から二〇五〇年の間に三倍になると予測されており、地球を巡り回る車の数は五億台を優に超え、中国のような数多くの新興国で「自動車文化」を発展させている。二〇三〇年までには、世界で一〇億台の車が走り回るようになる可能性がある(Motavalli 2000: 20–1)。

自動車運転の流動体は、マルチタスキングが多くの社会生活を特徴づけるようになるにつれて、ほかにはないかたちで以下のものをつなげている。すなわち、産業社会の基底をなす製造物(ガソリン自動車)、住宅のような個人所有の主要なシステム、他のほとんどの産業部門やサービス部門にリンクされている非常に強力な機械状の複合体、他のほとんどすべての移動を従属させる準プライベートな移動の支配形態、車の所有を通して「いい生活《グッド・ライフ》」のありようを規定してしまう先進文化、他に類をみない資源利用の形態、時間の断片化の主たる因子といったものをつなげているのである（Sheller and Urry 2000）。スレイターは、ここでの鍵が、「車」そのものにあるのではなく、流動的な相互連結のシステムにあると指摘している。「車が車であるのは、その体つきによるのではなく、供給システムと事物のカテゴリーが安定したかたちで『物質化』されているからである」（Slater 2001: 6）。

自動車運転の流動体は、自律的な自己という概念と、ひとつまたひとつの社会の小道、路地、大通り、道筋に沿って自律的に動くことができる機械という概念を結びつけている。ガソリンと鋼鉄からなる自動車がその前提とするとともに果てしなく再生産し続けているのは、車、自動車運転手、道路、石油供給、さらには真新しいモノとテクノロジーと記号をだだっ広く並びたてたものを広める、自己組織的で非線形的なシステムである。

さきに指摘したように、自動車運転のグローバルな流動体は、一九世紀の終わりから定着するようになった経路依存のパタンから生まれたものである。経済と社会がひとたび自動車運転の流動体に「ロックイン」されるやいなや、莫大な収穫逓増が石油自動車の製造と販売、そして関連するインフラ、製品、サービスに対して生じた。同時に、社会生活は、自動車運転が生み出しその前提とする個人化された移動のモードにロックインされた。この個人化された移動のモードは、もちろん、社会的に必要なものでもなければ不可避のものでもないが、しかし抜け出すことは不可能にみえる（なお、Hawken *et al.* 1999 を参照）。

環境、健康上の危険要素

環境、健康上の危険要素は、非線形的で予測不可能かつ不可逆的なかたちで、地理的にも時間的にも移動している。たとえば、ＢＳＥは五年から二〇年のあいだ潜伏し、原子力事故はまだ生まれていない世代に影響を及ぼす可能性があり、核放射線は数千年のあいだ残存し、環境ホルモンは地球の至るところで生きている種にどうも影響を及ぼしそうだ。そして、遺伝子組み換え作物の広範な栽培のもたらす、想像のつかない多岐にわたる未来において、いかなる環境上の影響が生まれるのかについては誰も分からない。こうした流動的に動き続ける危険要素は、局地的《ローカル》に始まり、地球全体を巡り回り、時空間的に測定不能で実際に「目に見えない」結果をもたらす（Adam 1998: 25–7, 35; 2000）。コルボーンらは、こうしたグローバルにみられるプロセスの流動的で複雑な性質を次のようにまとめている。「私たちは、めまいのするようなペースで新たなテクノロジーを設計して、空前の規模で世界中でそのテクノロジーを展開している。しかし、私たちが、グローバルなシステムや自分たち自身に対して起こりうるその影響を理解しはじめることができるのは、ずっと後になってからである」（Colborn *et al.* 1996: 244; Beck 1992; Adam *et al.* 2000 も参照）。そして、ここにひとつ確かな教訓があるとすれば、それは、物理的世界は社会的世界と同じくらいに動的《ダイナミック》で全世界的《コスモポリタン》であり、創発的な影響を生み出すということである（Clark 2000）。

たとえば、温室効果ガスの恐ろしく重要で、おそらくは四〇年にわたってみられるであろうその不可逆の増加を「偶然に」明らかにしたのは、一九五八年にハワイの小さな建物で始まった小規模のローカルな研究プロジェクトであった（Brand 1999: 138）。マウナ・ロア山の二酸化炭素記録の結果は、いまでは「グローバルな自然」とみなされるもののパフォーマンスにおいて中心的な役割を演ずるようになっており、このグローバルな自然は、非常に長い期間（私が「氷河の時間」（Urry 2000b）と呼ぶもの）にわたって続く途方もなく危険で不可逆のレベルの脅威を受けるとされている。

世界の海洋

世界の海洋は、ほぼ文字どおりに、グローバルな流動体とみなせるかもしれない。海洋は生命を形成する特性を有するとますますみなされるようになっており、またそれは、たったいまみたばかりの危険要素から「地球を守る」ことに資するようになるかもしれない生物多様性のレベルを保持している（Helmreich 2000を参照）。たとえば珍しい辺境の珊瑚礁のように、生命を形成する海洋の特質をバイオ探査するには、研究者の動的《モバイル》なネットワーク、（とりわけ米国からの）政府資金提供、生物多様性の概念、営利企業、特許のかたちによる凍結が必要である。とりわけ、「海洋の環境は……生物多様性を『生命』力として再構成するワールド・ワイド・ウェブにアップロードされており、……この『生命』力は、個々のものの回復と惑星の『持続可能な』利用のためのプロジェクトにつながるものである」（ibid.: 26）。

生命が「海の香りのする流動体のネットワーク」とみられるようになるにつれて、前述の海洋ネットワークは、個々のものと地球を守るというふりをして、特許を受けられる資産をもとめて海洋をバイオ探査し、グローバルなコモンズを巡り回るようになっている（Helmreich 2000: 28）。こうしたつながりのウェブのひとつであるモンテレー湾水族館研究所は、難解なロボット工学、深海を視覚化する遠隔表示テクノロジーの活用を主導している。

社会運動

多くの論客が、予想だにしなかった抗議の高まりを見せる社会運動に対して、流動体のようなものとして特徴づけるようになっている。ビッグズは、瞬く間に広がる動員を、小さな最初の変化が「正のフィードバック」によって増幅される内因的な自己強化プロセスをともなうものとして述べている（Biggs 1998）。このプロセスが、「山火事」のように広がるストライキなどの行動がみられる多くの抗議運動において、重要な「感染効果」をもたらしている。マッケイもまた同様に無政府主義的な運動について、潮のように満ちたり引いたりし、グループを作ってはたえず作り直していると論じている（McKay 1998: 52）。ジャスパーは、数々の形態をとる巧みな抗議には、フロー、ウェブ、ネットワークがかかわっていると述べている（Jasper 1997; Jordan 1998 も参照）。

全体としては、メルッチが指摘するように、抗議運動は「不明瞭な形状と可変的な密度を有する不定形の星雲」をともなうものである（Melucci 1996: 113–14）。シェラーは、「社会運動」に関係するこれらの不確実な相互作用と動的《ダイナミック》な変化が、非ユークリッドの粘性の高い空間と湾曲する時間のプリズムによって分析されなければならないことを示している（Sheller 2000）。社会運動は、始点も終点もない運動を示すことがよくある。運動はさまざまなチャンネルに沿って途切れずに続くが、「あふれる」ことや「干上がる」こともある。社会運動は多かれ少なかれ粘性をもつが、とりわけ開かれた状態にあって行動のカスケードが可能になる場合にそうなる。とくに運動の粒子が強力な波動に変わりうる場合に、いくつもの時間的な広がりが関わってくる。さまざまな種類の「フリースペース」によって、諸々の運動が、境界をつぎつぎにしみ出て、とりわけ予想外の場所において、さまざまな外観をとってふたたび現われることが可能となる。社会運動には、つねにヒト、車両、テクスト、モノ、情報などの物理的な動きがみられ、これらは互いにくっつき散らばり、集まり別れ、バリアのまわりに押し寄せ、攻撃点を切り換え、断続的にさまざまな空間をあふれさせる（Sheller 2000;「ネットワークの切り換え」に関しては、White 1995 を参照）。

一九九九年のロンドンでみられた抗議は、次のように描き出されている。「運動は、その中央部隊、その動力、その中心的な支配者を見つけようとする警察の取り組みを挫折させた。その代わりに、池から這って動く『ナメクジ』の異常発生がみられ、ロンドンの広場、道路、橋の表面を覆い尽くした」（Sheller 2000: 24.「細胞性粘菌」に関しては、Fox Keller 1985: ch. 5 を参照）。同様に二〇〇〇年後半には、高率のガソリン税に抗議するわずか二〇〇〇人の人びとが、英国のすべての経済活動をあと一歩で停止させるところまで追い込んだ。二週間にわたって、これらの抗議者は、車とトラック用のガソリンのジャスト・イン・タイムの配送が始まるごくわずかの局所的なノードを封じ込めた。こうして、抗議者たちは大経済を屈服させたのである。これは、非常に動的《モバイル》で、（携帯電話で）連絡をとりあった抗議者のゆるやかなネットワークによって成し遂げられ、そこには、警察が手入れをしたり訴えたりすることのできる明確な組織もなければ逮捕できる先導者もいなかった。ガソリン供給の流動性は、流れるように組織化された抗議者たちによる特定の封鎖点によって多大な影響を受けやすいことが明らかになった。抗議者たちはまた、世界のメディアに自らのメッセージと適当な映像をのせるのが非常にうまかったが、このメディア技術の多くは抗議そのもののさなかで身につけたものであった。こうして、この抗議運動は、西欧全域で同時期に起こっていた同様の動的《モバイル》な抗議から学び、そして、そうした抗議に貢献した。小さな原因（二〇〇〇人の抗議者たち）は、このように、局地的な改良、ジャスト・イン・タイムの配送、瞬間的なリアル・タイム通信、グローバル化したメディアとモーター化した移動性の諸パタンによって、ヨーロッパのほぼ全域で中道左派政府を分裂させるほどの影響力のある抗議を無秩序に生み出したのである。

概して、アルキーラとロンフェルトは、複雑性の時代における社会運動と「ネット戦争」の性質について、次のようにまとめている。「情報時代の脅威は、産業時代よりも拡散し、分散しており、多次元的で、非線形的で、あいまいなものとなっているようである。そして、比喩的にいえば、未来の紛争は、西洋のチェスよりも、東洋の碁に似たものになるかもしれない」（Arquilla and Ronfeldt 2001: 2）。

これまで、著しい力を有する流動システムについてみてきた。グローバル統合ネットワークとともに、これらの流動体は、大地や海、大気圏、大気圏外、あるいは、私たちが隠喩的に「球体《グローブ》」（Ingold 1993）と呼ぶものを巡り回っている。流動体システムは、さまざまなスケープに沿って、そして、そうしたスケープを越えて移動し、時空間の圧縮した複雑で予測不可能なかたちで互いに交わり合っている。さまざまな時間がこれらの巡り回っているハイブリッドに折り重ねられており、そこには、（インターネットにみられるような）ナノ秒の即時性、商品化された未来（グローバルな貨幣）、（自動車による移動にみられるような）時間の超断片化、（海にみられるような）恐ろしいほどの長命がみられる。ハイブリッドは地球を巡り回り、そして、多くの領域と思われるものを縦横無尽する敏速な運動の力を有しており、消えてはまた現われ、自らのかたちを変異させ、予想外かつカオス的に群島の島のように立ちあらわれる。そして、垂直的にも水平的にも現われ、国際的なテロリストの場合には、ニューヨークの地下鉄の荒廃した地帯からだけではなく、驚くべきことに、飛行機やバイオマテリアルとして空からも現われる。

さらに、流動体が互いにからみあうなかで、桁外れに急速で予想もしなかったような転換、「切り替え《ザッピング》」(Emirbayer and Mische 1998)、「転換点《ターニング・ポイント》」(Abbott 2001) が、そうした流動体のあいだで生まれる。グローバルな流動体のあいだでのこうした転換ないし切り替えの多くにとって中心をなすのは、日常生活の基本構造にしだいに浸透している幾多の種類のソフトウェアである (Thrift 2001)。こうした全面的に浸透しているコンピュータ利用は、ほとんど人には依然として目に触れることがなく、争う余地のないものである。それでも、ソフトウェアは、以下のもの、すなわち、インターネットと広範な検索エンジン、情報を記憶するデータベース、とりわけ遍在的な「スプレッドシート文化」を介して、世界貨幣のフロー、高度道路交通システム、深海のロボット視覚機械などの視覚機械全般を通じて、さまざまな流動体のあいだに転換と移動を生み出している。一九九六年には、約七〇億のソフトウェア・システムがあったと推測されている (Thrift 2001: 18)。

最後に、流動体の空間的な広がりのなかで見られるこうした複雑な交合がさらなるメタファー、すなわちロウとモルが「火」と呼ぶものを思い起こさせている (Law and Mol 2000)。このメタファーによって、ロウらは形状の連続性がいかなるかたちで、運動の、さらには突然で不連続な運動の結果そのものになりうるのかを捉えようとしている（前述したガスについての説明を参照のこと）。「火」という語はまた、たまたま不在であるものに現前が著しく依存していることを浮き彫りにするものである。実際、より一般的にみて、社会生活は往々にして現前と不在の独特な組み合わせによって決まる。「火」はまた、現前を構成する不在の形式がどのようにして現前と不在の組み合わせにして、パタン化されているのかを明らかにするものでもある（モルらは星のパタンについて論じているが、ほかにもある）。つまり、社会現象には、現前と不在の、そして矛盾の、複雑な振動パタンがみられるのである。安定した属性からなる固定された実体は存在しない（Abbott 2001: 40–1）。

火という概念は、現代の通信の特徴を示している。親密で予期せぬかたちで、一連の技術的で器械的な通信手段が人間と結びついている。こうした通信手段は、部分的にではあるが、「共在の社交性」の空間性を、新たなモードの現前と不在の「異邦性」と取り替えてきた（Bogard 1996, 2000）。そうした機械状のハイブリッドには、深遠な異邦性がみられる。「近さと遠さ、あるいは移動と固定の矛盾がみられる……サイバースペース上の通信は、一言でいえば、異様である――ボタンを押すと、領土はなくなり、遠さと近さ、運動と停止、内と外の対立は消えてしまう。アイデンティティは重視されず、シミュレートされ、そして、集合性はその境界を失う」（Bogard 2000: 28）。

いまや私たちのなかには（テレビやコンピュータ、携帯電話において）、ほとんどつねに「異邦人」が存在している。現前と不在の組み合わせによる奇妙な「明滅」がみられる。ボガードはこうした距離の崩壊をあいまいな漠然としたつながりとして、つまり一でも二でもないフラクタル空間として捉えている。「こうしてモナドとダイアドの境界をぼやけさせることで、急速に進んでいる身体とコンピュータ、グループと通信ネットワーク、社会とサイバネティックス・システムの共生関係がこれ以上ないというほどに示されることになる」(Bogard 2000: 40)。サイボーグは、単一のモナドでもダイアドでもない。サイボーグは私的であると同時に公的であり、親密であると同時に疎遠である。各々の領野が、際だった新たな社会的トポロジーのなかで互いに折り重なり合うにつれ、諸々のグローバルな関係は新たなフラクタル社会空間をもたらす。これらは「火のよう」であり、振動し明滅している。それはこちらでもあちらでも、また内側でも外側でも見られ、メビウスの帯に似ている(Bogard 1996: 29. これに関連して、アボット[Abbott 2001]による一般的な線形的リアリティの批判も参照)。

おわりに

本書では、ここまで、ある意味でグローバルに作動しているシステムの複雑な性格を捉えるために、種々のメタファーについて検討してきた。とりわけ「ネットワーク」の複雑性にとって鍵となる概念について考え、社会的圏域におけるそのシステミックなパタン化に関する数々の重要な事柄を述べてきた。なかでも収穫逓増と経路依存が、特定のネットワークの驚くべき力を説明するうえで鍵となることについて検討した。

とくに二種類のネットワーク化されたシステム、すなわち、グローバル統合ネットワークとグローバルな流動体を取り上げた。これらのそれぞれについてさまざまな例に分け入り、とりわけ、グローバルな流動体が、正確にどこかにあるものではなく、むしろ波動のように社会秩序を切り抜けて動く様子をみてきた。そして、一定の安定した属性をもつ社会現象がほとんどみられない時代において、複雑性がその流動的でシステミックな特徴を理解する適切な理論的資源になっているとみなしてきた。

次章では、こうしたグローバルにネットワーク化された、ネットワークと流動体のさまざまなシステムが複雑に交合するなかで作り上げられているグローバルなつながりの性質について、もっとシステミックに検討する。とくに「アトラクタ」という数理的概念を展開することで、諸々のシステムがなぜ、全域に及ぶ可能性のあるフィールド全体のなかで特定の「空間」のみを動くのかについて説明することにしたい。

第5章　グローバルな創発

創発効果と「ローカル」なもの

社会科学では、社会的世界の諸特性について、そうした世界を構成する諸個人の特徴に還元できるものがあるのかどうかをめぐって争われてきた。そのような論争は、おそらくは火花よりも熱気をもたらしてきたであろうが、ここでは、そうした熱気をさらに高めることはしない。

ここで複雑性の議論から想定されるのは、実際に集合的なレベルで創発特性が存在するということである。この集合的なレベルを「諸個人についての事実」に還元してしまえば、そうした創発特性に関する重要な知識を見失うことになる。そういうことで、何はともあれ、このような創発特性そのものを作り上げる種々の社会的なつながりを記述することなしに、「個人」の特徴を描き出す有効な方法はない。

すでに本書では、複雑性科学がいかにして種々の集団の有する創発的な性格を探究してきたのかをみてきた。そして、そのなかで、複雑な現象を線形的な因果に還元しようとする科学の限界が明らかにされてきた。コーエンとスチュワートは、「なぜかその構成要素を超えているようにみえる振る舞いの規則性」について語っている（Cohen and Stewart 1994: 232; 本書第2章も参照）。とはいえ、いくつかの定式にみられるように、総和はその部分のサイズよりも大きくなると考えられるというわけではない。むしろ実情は、システム効果はその部分の効果とは異なるということである。すでにみてきたように、「科学」における数々の観念、たとえばガスの特性は、原子未満の粒子の激しい動きがそうしたガスの一部をなすとはいえ、原子未満の粒子に還元することはできない。ケリーは次のように言い表わしている。「創発という現象には、多数の存在の集列、群体、集合が欠かせない。……多数のものは少数のものとは違った振る舞いをみせる〔がゆえに〕量の多なるは質の異なり」（Kelly 1995: 26）。

さらに、科学理論、科学調査の変容とともに、物理的世界を構成する基本的な個体要素は時を経るにしたがって（分子から原子へ、さらに素粒子へと）大きく変わってきた。そして、科学において、より大きなスケールの特性を普遍的に還元できる根源的に縮小不可能な実体は存在しないとされる。量子力学において「部分」とされるものは素粒子間の確率論的な関係ないしパタンで構成され、この関係性は独立したものではなくシステム全体の動力学によって規定されるものである。ハイゼンベルクは次のように論じている。「こうして世界は複雑に織り合う出来事の連続として現われる。そこではさまざまな種類のつながりが交互に並び合い、交わり合い、結び合い、そのようにして全体の織地《テクスチュア》が決まる」（Capra 1996: 30 の引用）。

社会科学における「合理的行為理論」は、社会的なパタンをさまざまな個々に存在する合理的、線形的な行為モデルに還元することを主張している。しかしながら、この主張は間違っているように思われる。明確で不可分な「個人」が想定され、その合理的な行為によって当の社会的現象が説明できるとされているからだ（Goldthorpe 2000 を参照）。しかし、そうした明確で揺るぎなき合理的な個人が存在すると想定する理由は何もない。まぎれもなく、物理科学の歴史は、物理世界の複雑性が還元される、あるいは還元されうるような所与の不変で縮小不可能な実体など存在しないことを示してきた。実際のところ、「個」とみなされているのは、さまざまな時間の経過とともに生じるいくつものフローに起因するものである。デ・ランダが指摘するように、個々の身体と自己は、より根底的な鉱物、遺伝子、疾病、エネルギー、情報、言語の歴史的な流れ《フロー》の「束の間の結晶」にすぎないのである（De Landa 1997: 259-60; 本書第2章も参照）。

創発特性はまた、すでにみてきたように、けっして純粋に「社会的」なものではなく、創発特性を生み出す過程もまたけっして「社会的」なものには限定されない。複雑性では、以下のような命題、すなわち、「現象」は境界づけられているとする命題、社会的な原因が社会的な帰結をもたらすとする命題、線形的な結果をもたらす原因があるとする命題の否定がつねになされることになる。原因はつねにあふれ出し《オーバーフロー》、領野《ドメイン》から領野へと飛び移り、とりわけ、別々のものとして純化された「物理的」領野と「社会的」領野を横断してフローする。複雑性ゆえに、創発特性は不可逆的、相互依存的、動的《モバイル》、非線形的である。方法論的個人主義の還元論は簡単に棄却される（ただし、複雑性の影響を加味したシミュレーションによるものは除く）。本章では、グローバルなレベルで創発する、そうした不可逆的、相互依存的、動的《モバイル》な特性を考究する方法について検討する。諸々のグローバルな関係を線形的に生み出すことのできる、地球の単一の中心ないし「統治者」がどこにも存在しないようにみえるとすれば、そうしたグローバルな特性はどのようにして「創発」するのだろうか。

社会科学における非線形的分析の最もすぐれた例からみていこう。それは、資本主義的生産様式の「矛盾」を解き明かした一世紀半前のマルクスの分析である。マルクスの主張によると、「自分の生産物の販路をつねにますます拡大しようという欲望にかりたてられて、ブルジョア階級は全地球をかけまわる。どんなところにも、かれらは巣を作り、どんなところをも開拓し、どんなところとも関係を結ばねばならない」（Marx and Engels 1948/1952: 46–7. Elster 1985; D. Harvey 2000 も参照）。ここでグローバル化と目されるものは、個々の資本家が自分たちの利潤を最大化させようとして、自らの労働者にできるだけ低い賃金を支払うか、彼らをできるだけ長く働かせようとするかによって生じるものである。こうした労働力の「搾取」は、労働組合の集合行動や国家によって阻まれるか労働者が早死にしない限り続く。そうしたローカルな振る舞いが限りなく繰り返されることから、資本主義システムとその階級関係の創発特性が再生産される。実質利潤が生み出され、そして、利潤率の傾向的低下としてマルクスが仮説設定したものが相殺される。そして、こうした利潤が、資本主義システムに不可欠な資本家と賃労働者の創発的な階級関係を再生産するのである。これらの利潤から、資本家の「理想的な集団的利益」は、私有財産の法的形式、適度な労働力の供給源、資本循環の条件などを確保し維持する「資本主義国家」を通じて満たされる。

しかしながら、マルクスの示すところによれば、個々の資本家が自分たちのローカルな労働者を搾取することで秩序を維持することが、結局のところ、種々のシステムの矛盾を招くことになる（Elster 1985 を参照）。第一に、各々の企業は自らの利益（重要なことはそれがすべての企業の利益ではないことである）のために、その被用者に支払う賃金を最低限にすることから、資本主義商品に対する需要の創発レベルは最適状態に達しない（Elster 1985: 46–7）。したがって、需要との関係で、過剰生産や、資本主義的資源（とりわけ労働力）の不完全利用、周期的な資本主義の危機がみられることになる。そして、これらは、資本主義商品に対する「有効需要」を増大させる「ケインズ主義的」政策を通じて軽減されていく。

第二に、資本主義的競争の影響として、ますます非効率になり、相対的に剥奪された反抗的な労働力が生み出されることになる。秩序化した資本主義的関係から創発するのは、徐々に広がっている階級闘争を介して社会革命を生み出し、最終的にはさらに「高次の」創発秩序の形成をうながす労働者階級である。賃金奴隷制からの超克を目指すプロレタリアートは、資本主義システムの創発的矛盾を乗り越える新たな共産主義秩序を生み出す。

第三に、既存の資本主義市場の有する限界のために、個々の資本主義企業は別の新たな市場を求めることになる。『共産党宣言』では次のように述べている。「自分の生産物の販路をつねにますます拡大しようという欲望にかりたてられて、ブルジョア階級は全地球をかけまわる。どんなところにも、かれらは巣を作り、どんなところをも開拓し、どんなところも関係を結ばねばならない。……ブルジョア階級は、世界市場の搾取を通して、あらゆる国々の生産と消費とを世界主義的なものに作りあげた」（Marx and Engels 1948/1952: 46–7）。この世界規模での資本主義の拡大は「万里の長城を破壊」させ、ついには全地球に広がる革命的プロレタリアートによる創発特性を生み出す（ibid.; D. Harvey 2000）。こうして、資本主義的諸関係は無数の反復を経て、資本家が自らの個別の労働力を搾取することを通じて再生産しているようにみえるものとは正反対のものとなる。マルクスの論じるところでは、ローカルな資本家にによる搾取は、革命的プロレタリアートを生み出し、資本主義を新たな世界共産主義の創発秩序へと（既存のシステムからみれば）「破局的《カタストロフィック》」に分岐させるという非線形的な創発効果に結実するのである（Reed and Harvey 1992 を参照）。

しかし、以上のマルクスの分析は、いまだから分かることであるが、世界規模の社会革命をおそらくは予言していた点で「誤って」いた。しかしながら、複雑性によって、その理由を明らかにすることができる。複雑性が明らかにしているのは、資本主義システムにおける相対的に小さな乱れ、たとえば産業パラダイムから情報パラダイムへの移行（Castells 1996）が、一世紀半前にマルクスが予言していたものとは異なる分岐を生み出してきたことである。世界規模の社会革命ではなく、ポスト・フォーディズム型「福祉」コンシューマリズムという根本的に異なる創発的な帰結をもたらすのには、相対的に小さな原因の組み合わせだけで十分であった。大きな結果は、必ずしも大きな原因を必要としない。なぜなら、平衡から離れたシステムは、大きな変化よりも小さな変化を通じて、どうにかして転換《ティップ》ないし転回《ターン》するからである。

マルクスの分析は、情報と行動のローカルな形式だけでなく、平衡から遠く離れたシステム効果の創発についても、それらの決定的な重要性を明らかにしている。マルクスによれば、個々の資本主義企業は非平衡状態下で活動し、限られた範囲を越えて伝わる「ローカルな」情報源に反応する力を持っている。つまり、いかなる創発複雑系も、「それぞれが眼前の限定的な情報に応じるにすぎない」単純な要素の豊富な相互作用の結果なのである（Cillers 1998: 85; 社会シミュレーションにとっての意味合いについては、Gilbert 1995: 147–8）。したがって、世界中で無数の行動が起こっているが、それぞれが基にしているのは局所的な情報である。人びとはローカルに知ることのできるものを拠り所として反復的に行為し、そこにシステムに対するグローバルなコントロールは存在しない。エージェントはそのローカルな環境に応じた振る舞いをみせるが、それぞれのエージェントはローカルな状況に対して適応ないし共進化する。しかし、各エージェントは「他のよく似たエージェントもまた適応している環境内で」適応ないし共進化するため、「ひとつのエージェントで見られる変化は、環境に対して影響を及ぼし、それゆえ他のエージェントの結果にも影響を及ぼすことになる」(ibid.: 148)。

次節では、人びとが自らの行動のグローバルなつながりや意味合いをほとんど認識していないにもかかわらず、そうしたローカルな行動がローカルにはとどまらないことを示したい。ローカルな行動は、他の場所で把捉され、表象され、運ばれ、市場化され、一般化される。それらは、創発的なグローバル世界のスケープとフローに沿って運ばれ、観念、ヒト、イメージ、カネ、テクノロジーを潜在的にあらゆるところに流通させる(脇のみぞに落ちたピンポン球のように!)。前章までの議論では、ローカルな知にもとづいた決定がいくつもの反復を通じて、創発的なグローバル・レベルで予測不可能で非線形的な結果を招いた例をみてきた。たとえば、自動車を運転するといった無数の人びとによる一見「合理的」な決定は、この惑星の長期的な生存を脅かす炭素ガスの排出をもたらしている。インターネットは、無数の非計画的で相対的に小規模のテクノロジー上および組織上のイノベーションが特異な流れで生じたことから発展した。ほぼ一夜のうちに東欧全体でみられた共産主義の崩壊は、クレムリンという特殊でローカルな中心地がそうした反乱を排除する能力も意志もなくすや、瞬く間に起こったようにみえる。

したがって、マルクスの一九世紀資本主義の分析は複雑性の諸要素を示しているといえるかもしれない。ただし、マルクスの分析する「創発システム」は、明らかに今日のそれとはまったく異なったものである。イギリス帝国の「覇権者」を通じて組織された一九世紀システムと比べて、現在の創発秩序は、「グローバル」なものを集合的にパフォームしているいくつもの相互依存的な組織を通じて構造化されたものである。それぞれの組織が共進化し、ギルバートが「マクロ・レベル〔この場合、グローバル・レベル〕の特性に『順応《オリエンテイト》』する能力」（Gilbert 1995: 151）と呼ぶものをみせている。

　そうした多様な制度機関としては、国連、世界銀行、マイクロソフト、世界貿易機構、グリーンピース、ＣＮＮ、気候変動に関する政府間パネル、ＢＢＣ、ニューズ・コーポレション、世界知的所有権機関、国際航空運送協会、ＦＩＦＡ、世界保健機関、ＩＯＣなどをあげることができる（Held *et al.* 1999; UNDP 2000; Roche 2000）。相互依存を通じて、これらのガバナンスと市民社会の諸制度がグローバル秩序の規則、構造、規制を新たに創発させている（現在のＩＯＣ、ＷＨＯ、国連などの相互依存については、Roche 2000を参照）。ちなみに、一九世紀においてこのパタン形成に相当するものは、世界中の時間帯を同期させた一八八四年のグリニッジ標準時の制定であった（Nguyen 1992: 33）。

　これらのグローバルな組織と相互依存しているのが、この創発的なグローバル秩序の種々のシニフィアンである。それには青い地球をはじめとして、オリンピック旗、海洋、ネルソン・マンデラ、クジラ、トラ、ゾウ、国際赤十字の標識、アマゾンの雨林、マザー・テレサなどが含まれる。こうしたシニフィアンは、相異なるヒト、ジェンダー、世代をひとつにまとめるグローバルな想像の共同体を映し出しパフォームしている。宇宙飛行士のウィリアム・アンダースは、宇宙から見える青い地球のイメージについて次のような有名な言葉を残している。

地球は、美しい飾り物のような、とても華奢で、限りある小さな青緑色をした星のようだった。……人類の古くからの家は、……大きくも、無限にも、不滅のものにもみえなかった。振り返ってみると、そう、国境はどこにもなく、地球を別々の国に分けるものもなく、ちょうど、学校の教室にある地球儀のように、色分けされていることもなかった。不自然に人間の手によってはっきりと分けられた地球ではなかった。（Menon 1997: 28 からの引用、Cosgrove 1994 も参照）

以上のようなイメージは、あるイコン的な場所、人、環境、動物をみせることで地球を描写している。そして、そうしたイメージは、地球の代弁者ともなっている。スクレアーが示しているように、トップ五〇〇の企業の多くが、グローバルな市場に向けてブランド化と宣伝広告を行なう際に何らかの方法で「グローバルな想像界」を利用している（Sklair 2001: 276–82）。

以上のような組織やイメージは、種々の計画的なメガ・イベントに加えて、偶発的なそうしたものにおいて融け合うことになる。そうしたイベントの際に、世界のメディア化した公共舞台ないし公共スクリーンの上で行なわれるイベントを通じて、世界は自らを一望する。そうしたイベントとして、万博、ライブ・エイドのコンサート、ネルソン・マンデラの出獄、リオ地球サミット、テロリストによる世界貿易センターの破壊、ダイアナ妃の死と埋葬、オリンピック、二千年祭、ワールド・カップ、北京女性会議などがある（Albrow 1996: 146; Roche 2000: ch. 7）。それぞれのイベントのなかでグローバルなイメージが生産され、循環され、認識され、消費される。地球は、世界中のスクリーン上で、とりわけ「環境《アンビエント》テレビ」〔環境音楽のテレビ版〕の普及を通して生産され消費される（McCarthy 2001）。

ロッシュは、計画的なメガ・イベントを、「グローバルなフローを水路づけ、混ぜ合わせ、別ルートに送る社会的な空間－時間的『ハブ』ないし『スイッチ』」として描いている（Roche 2000: 199）。メガ・イベントはグローバルな凝集の空間－時間的な契機であり、そこでみられるのは、「またとないイベントを開いたことにより、またとない場所、つまり、ありふれた場所から……こうした特別な『開催都市《ホスト・シティ》』の場へと自らを変える力をもつ場所」における、そうしたグローバルなイベントのきわめて強い「ローカル化」なのである（ibid.: 224）。

次節では、こうしたグローバルなイベントとローカルな開催都市との関係について、より広い視点から検討する。この関係は、「グローカル化」のストレンジ・アトラクタについての複雑性分析の特例であると考えられる。二世紀前の一九世紀中葉のマルクスによる目覚ましい洞察以来、ローカルな基盤を有する行動とグローバルな効果とのつながりは、このグローカル化のアトラクタによって再構成されてきたのである。

ストレンジ・アトラクタ

アトラクタ、とりわけストレンジ・アトラクタのアイデアについては第2章で論じた。ストレンジ・アトラクタを特徴とするシステムでは、空間が不安定で、動的《ダイナミカル》なシステムの軌道は時の経過とともに無数の反復と正のフィードバック・プロセスを通じて、このアトラクタに引きつけられていく。

社会科学でストレンジ・アトラクタ概念に依拠した分析を展開しようとする試みは、ごくわずかである（Byrne 1997, 1998）。そのなかで最も興味深いのが、ベイカーによる「中心縁《セントリフェリー》」のアトラクタの検討である（Baker 1993: 135–41; P. Stewart 2001: 331も参照）。ベイカーは中心縁を、社会的世界のさまざまなレベルで繰り返される動的《ダイナミック》なパタンとみなしている。中心縁は、中心と周縁を行き来するエネルギー、情報、観念の不可逆的なフローをともない、中心と周縁は他方があるがゆえに存立している。そして、中心縁は同時に中心と周縁を作り出し続けている。社会システムの軌道は、不可逆的にこの中心縁のアトラクタに引き込まれている。中心化と周縁化は、エネルギーと情報の変換をともない、そのようにしてエントロピーが増大するために、そのプロセスは不可逆となる。

それゆえ中心化は「アトラクタ」であり、エネルギーと情報を自らに集めることで秩序を創り出し、その環境を周縁化することで無秩序を創り出す。このアトラクタは、エネルギーと情報のフローが他のどこかに向かっている周縁の世界を生み出し、……中心は周縁にエントロピー効果を及ぼし、周縁では乱雑さが高まり、使えない資源の量が増えていくことになる。（Baker 1993: 139）

中心縁は、どちらかというと、その重力が周りの空間を歪め、新たな秩序と無秩序のパタンを引き入れ、生み出すというアインシュタインの物体概念に似ている。さらに、ベイカーの指摘するところでは、この中心化のプロセスは、いまや著しく国際化されている。すなわち、「今日、個々の多国籍産業が膨大な数の人的活動を集め、さまざまな大陸に自らの事業経営の個々の局面を展開している。これらのケースごとに、財やサービスの交換が中心と周縁の動的《ダイナミック》な関係を結びつけ円滑にしている。中心化が進むごとに、周縁は深まりゆく」（Baker 1993: 140）。

以上のベイカーの説明は、いまとなっては時代遅れのものになっている。工業生産の国際化というやや単純な命題にしたがっているからだ。とはいえ、現在、中心縁のアトラクタのとっている種差的な形式が「グローカル化」であると示唆することで、ベイカーの主張を押し広げていくことができる。種々の可能性を有する位相空間内で、世界規模の数々の社会システムの軌道は「グローカル化」のアトラクタに徐々に引き込まれている（「グローカル」については、Robertson 1992 を参照）。この言葉は、グローバル化がローカル化を進めローカル化がグローバル化を進めるといった、並行的で不可逆的で相互依存的なプロセスを指している。グローバルなものとローカルなものは、動的《ダイナミック》な関係を通じて分かちがたく不可逆的につながっており、両者のあいだを数えきれぬほどの資源フローが行き来している。グローバルなものもローカルなものも、他方がなければ存立しない。グローバル–ローカルなものは一連の、共生的で、不安定で、不可逆な関係のなかで発展し、そのなかでは、それぞれが、時間の経過とともに動的《ダイナミカル》に進展する世界規模での無数の反復を通じて変容を遂げている。

何がこうしたアトラクタ効果を生み出しているのであろうか。一九世紀資本主義の矛盾に関するマルクスの説明にとって決定的なのは、当時の資本主義が情報の局所的な性質に根ざしていた点である。各企業はローカルに入手できる情報にのみ反応する。そしてより一般的にいえば、この局所的な情報に限定されていたシステムは、多かれ少なかれ二〇世紀後期まで決まった場所にあった（Cilliers 1998: 4）。ラジオ、テレビ、手紙、電信、固定電話によって、それぞれの地域の外部からの情報の入力が可能となった。ハイデッガーは一九一九年に、ラジオについてつぎのように講義している。「私は、灰色がかった退屈な炭坑の村に住んでいます。……三流の娯楽に触れるにもバスに乗り、一流とされる教育的、音楽的、社会的な美質にあずかるには途方もない長旅をしなくてはなりません。……この単調さのなかに、たいそうなラジオの受信機が入ってきて、私の小さな世界は一変してしまった」（Scannell 1996: 161 からの引用）。ラジオ（後にテレビ）は、出来事、人間、事件からなる公共世界を開放しはじめた。人びとは、ラジオやテレビによって露《あら》わにされる公共世界になかば放り込まれることになったのである。

しかし、ここで主張したいのは、一九九〇年頃から情報フローが広範囲に及び、メディアのスケールや範囲が拡大することによって、そうした他所からの「開放」が不可逆的に変容してきたことである。情報フローは、場所から脱物質化されてきた。デジタル化とともに、情報は、物質的形式ないし物質的現われから乖離した移動のパタンとモードに適応《アダプト》しているのである。そして、情報は、グローバルな通信の流動ネットワーク、すなわち第4章で「全チャンネル」のネットワークと呼んだものに沿って、ほとんど瞬時に至るところに（どこへということもなく）伝わっていくようになっている。

こうしたテクノロジーは、驚くような速さで変容しており、一〇年ごとに演算能力は一〇〇倍ずつ上昇している（Brand 1999）。この新たな「コンピュータイム」は、時間の抽象化の証であり、時間が人間の経験や空間、自然のリズムから切り離されて存在することを示している。情報にもとづくデジタル時代は「光の速さで世界を駆け巡る、重さのないビット」が中心となる（Negroponte 1995: 12）。ローカルにアクセスできる対象とグローバルにアクセスできる対象は、いまやほとんど同一であり、少なくとも不可逆的な同一化を進めている（Cairncross 1998）。そして、この情報の空間的な差異のなさが、グローカル化のストレンジ・アトラクタを呼び寄せてきたのである。こうしたなかで、ありとあらゆる社会的営為がグローカル化のアトラクタの領野に不可逆的に「引き込まれ」、「吸い込まれ」、世界中の諸々の社会諸関係が作り直されている。

数多くの、ほとんど同時的で、いくらかは偶発的な変容が一九九〇年頃から起こり、この力学的にみて別種の情報秩序を「始動させて《キック・スタート》」いる（Castells 1996を参照）。まずは、ソヴィエト共産主義が崩壊した。中欧・東欧の諸社会は「西側」から、また互いに、並外れて強力な国境を築いていた。情報、文化、そして政治を冷え込ませていた。しかし一九八九年を起点として、このシステムはまるで一夜にして消え去った。その理由のひとつは、ソヴィエト共産主義が新たな情報テクノロジーを発展させることに根本的に失敗し、逆に米国の演算テクノロジーに依存をしていたことにある（Castells 1998: ch. 1も参照）。そして、ソヴィエト共産主義のシステムが消え去るや、とりわけベルリンの壁の崩壊という大事件の後は、情報フローに対する堅牢な局所的障壁もまた崩れ去った。

同時に、グローバルなニュース報道網の発展もみられた。これは、一九二〇年代にハイデッガーの心を動かしたナショナルなニュース報道に対立するものとしてあった。CNNテレビは一九八〇年に放送を開始し、湾岸戦争での「成功」を機に、いまでは一四〇を超える国に放送網を広げている。一九九一年に勃発したこのいくぶんバーチャルな戦争は、世界中で二四時間のリアル・タイム報道という新たなパタンが生まれた最初の戦争であった。リアル・タイム報道はCNNの知名度をおおいに高め、続いて数多くの他の放送局に広がり、これらの放送局はグローバルになり、いまでは徹底的にメディア化されている多くのイベントに対して「グローバルな舞台／スクリーン」を提供するようになっている（Volkmer 1999; Hoskins 2001）。

同じく一九八〇年代末にはすべての主要な金融市場が、どこでも二四時間アクセス可能なオンラインのリアル・タイム取引へと移行した。そうしたなかで、電子金融取引のグローバルなシステムへの移行がみられた（Leyshon and Thrift 1997）。

しかし、最も大きかったのは、一九九〇年にティム・バーナーズ＝リーがワールド・ワイド・ウェブと、とりわけURL、HTTP、HTMLの基本理念を「発明」したことである（カステルによる体系的な記述については、Castells 2001を参照）。これらの基本理念が組み合わさることで、従来の地理的境界に関わりなく、リンクからリンクへと継ぎ目なくジャンプできるようになる。それまでの情報は地理的な境界内に位置づけられ、蓄積され、管理されていた（Friedman 2000: 65–6）。さらに、一九九〇年頃からは、この新たなグローバル秩序形成の検討に取り組んだ書籍、論文、ウェブサイト、シンポジウムが雪崩を打って現われた。これらの分析では、実にさまざまな活動分野において地球全体で起こっている情報フローの強力な共進化の委細が明らかにされるとともに、ナイフの先端、つまり「カオスの縁」でつねにバランスを保つ新たなグローバル秩序化について言及され、パフォームされ、引き出されている。

本書で主張したいのは、グローバルな権力中枢、ましてや社会的営為から離れたグローバルな陰謀やグローバルなネットワークなどはどこにも存在しないことである（ジェソップによる批判として、Jessop 2000を参照）。むしろ、存在するのは、「グローカル化」のアトラクタである。グローカル化のアトラクタは、しだいに世界規模に広がる基盤の上に展開しており、諸関係の諸集合をますます自らの恐るべき力に引き寄せている。そして、諸々の関係はこのアトラクタに引き込まれていくにつれ、不可逆的に作り直される。ここから新たな秩序化が生じているが、そこでは調整を行なう単一の中心はみられない。クワはこの考えを「テロスなき複雑性」として描き出している。「いかなるローカルな変化も、それが臨界的な必要条件を満たせば、母集団の残りに対して、新たな行動様式を見いだすことに『協力』させることができる。移り変わりのたびに、すべての者がお互いについて知らされているようにみえる」(Kwa 2002: 42; Duffield 2001 も参照)。

このアトラクタの作動の一例として、オリンピックのようなグローバルなメガ・イベントがローカルな開催都市の創発を前提とするとともに、その創発を強化するようにみえることがあげられる。こうした開催都市が選ばれるのは、その都市が、とりわけグローバルな度合いを強めるイベントの開催にふさわしい、ユニークでローカルな特徴とされるものを有していることにある(Roche 2000)。もっと広くみれば、地域、文化、ネーションが競い合い自らをスペクタクルとして働かせようとして登場するグローバルなスクリーンの展開が、近年になってみられるようになっている(P. Harvey 1996; Roche 2000)。これらのイベントは、グローバルなメディアとマス・ツーリズムを前提としていて、ローカルなアイデンティティとネーションは、グローバルなスクリーン内およびスクリーン上での位置を通して思い描かれることになっている。

この「グローバルなスクリーン化」もまた、ナショナリティの性質の変容につながっている(Maier 1994: 149–50; McCrone 1998)。かつてナショナリティは、均質的で地図化されたナショナルな領土にもとづいていた。そこでは国家によって領土内での法が定められ、権威が主張され、忠誠が要求された。しかし、いまや国境は透過性をもち、文化生活の地球全体での入れ替えも広範にわたる身体的、想像的旅行、バーチャルな旅行を通じてはるかに容易になっている。メイヤーの結論によると、「領土はナショナルな自己規定の中心ではなくなっている」(Maier 1994: 149)。ナショナリティは、種差的なローカルな場所、シンボル、景観を通じて、すなわち、グローバルなビジネス、旅行、ブランド化の等高線におけるその文化の位置にとって中心をなす、当のネーションのイコンを通じてますます構成されるようになっている(たとえばニューヨーク世界貿易センターのツイン・タワーのように)。

グローカル化を通じて、ネーションは、そのネーションを独自に規定する個別の国家の事柄ではなくなってきている。そして、ネーションの観念は明らかにますますブランド化にかかわるものとなってきており、そこでのネーションは、いわば、新たなグローバル秩序の渦巻き状の等高線のなかで相対的に「国家」から切り離された浮動するシニフィアンとなっている(P. Harvey 1996; Delanty 2000: 94)。よく知られているように、英国の首相トニー・ブレアは「英国ブランドをふたたび《リブランド・ブリテン》」と語った。

グローカル化のアトラクタの力は、グローバルなブランドのさらなる全般的な発展とともに、それに反して立ちあらわれることがよくある局所的な抵抗のなかにみることのできるものでもある。前章で指摘したように、そうしたブランドの潜行力、すなわち、スポンサー契約、コンシューマリズム、政治論争、販促・価値付加《マーケティング・アディションズ》活動といった種々の回路を通じて文化に送り出されるウイルスがみられる。さらには、ブランドはつねに動いていて、しばしばアイロニカルに諸文化の内部、外部へとフローし、抵抗の文化もそのひとつになる。ブランドは単に中心からしみ出ていくのではなく、種々のストリートの生活文化から生まれてもおり、ほとんどすべてのローカルな抵抗をブランド変更《リ・ブランディング》の機会へと変えている(たとえば、アーバン・ブラック・ユース、ニュー・エイジ、フェミニズム、労働運動、環境保護活動などのように)。

同時に、「ブランド化した生活」に対するグローバルな反感も高まっている。ブランドは、広告のパロディ化(マルボロ郡ががんの国《キャンサー・カントリー》に置き換えられた煙草の広告)を通して、ローカルなそしてグローバルな「ストリートの再生」パーティを通して、クリティカル・マスによる自転車走行を通して、国際的な反搾取工場運動(とくにナイキ、ギャップ、ウォルマート、ディズニーなどが局所的な労働市場の搾取ために攻撃対象とされる)を通して、シェルやマクドナルド、より一般的には「グローバル化」に反対する大々的なNGOによる抗議活動を通して、その反対物を創り出している(Klein 2000: 309)。クラインは、このアトラクタがどのようにして作用するのかを次のように示している。

> こうした企業は、私たちの共有する文化を、消毒され管理されたブランドのまゆに閉じ込めようとして、……反撃を自ら呼び込み、……反対運動をさらに加速させた。ブランドの夢を追いつつ、直接的、安定的な雇用者としての伝統的な役割を放棄したとき、かつて自らを市民の怒りから守ってくれた労働者の忠誠心は失われた。(Klein 2000: 441)

より一般的には、グローバル化とローカル化とのあいだに相いれない、敵対する関係があるとすれば、グローバルなものは「完全に構成されたグローバリティを想像困難にする構造的限界と抵抗の諸形式につねに向き合っている」(Jessop 2000: 357)。あるグローバル・ストリートのパーティの横断幕には「抗議運動は首都と同様に世界中で起こるであろう」と的確に書かれ、他方で、そうしたパーティの組織者は皮肉を込めて「ユナイテッド・カラーズ・オブ・レジスタンス」について語っている（Klein 2000: 322, 357）。

さらに一般的には、新たなグローバル秩序のネットワークとフローへの激しい反発が、数々のネットワーク化されたグループやアソシエーションに活力を与えている。グローバル化はその対立項を生み出し、とりわけ「マック・ガバメント」に反対する「手の込んだウェブ」を形成している（Klein 2001: 86）。グローバルな諸制度組織に対するこうした抵抗はばらばらに分散してみられる。そうしたものとして、たとえば、メキシコのサパティスタ、アメリカのミリシア（より一般には「愛国主義者《パトリオット》」）、日本のオウム真理教、グローバルなテロリスト、数々の環境NGO、発展途上国の女性や子どもに対するグローバル市場の影響を問題にしている女性運動、ニュー・エイジ主義者、宗教原理主義運動、グローバル・レジスタンス運動などがあげられる。すべては、新たなグローバル秩序化の諸側面に反対し、「抵抗のアイデンティティ」（Castells 1997: 356）を通じて組織されたものである。

これらはバーチャル・コミュニティであり、「活動家の言説、文化製品、メディア映像といった非地理的空間のなかで構築された同一化を通じて、その構成要素がつながるかぎりにおいてかろうじて存在する」（Rose 1996: 333）。そして、部分的には、フローに対する抵抗という実践を通じて、これらは個々の国民社会の「脱全体化」、「ローカル化」に与している。こうして、「市民社会は縮小し、つながりを失う。というのも、グローバルなネットワーク〔本書の用語法でいえば、グローバルな流動体〕における権力形成のロジックと、種差的な社会や文化における連合と表象のロジックにはもはや連続性がないからだ」（Castells 1997: 11）。

逆説的にいうと、こうした集団は日常的にグローバル化の機械とテクノロジーを用いている。カステルはサパティスタを「初の情報ゲリラ」と呼んでいる(ibid.: ch. 3)。というのも、サパティスタは、コンピュータを介した通信を活用し、連携する集団のグローバルな電子ネットワークを打ち立てているからだ。同様のインターネットの広範な利用はアメリカの「愛国主義者《パトリオット》」たちのあいだでもみられるが、彼/彼女たちは、連邦制によってアメリカがグローバル経済の一部に変わってしまい、アメリカの主権と地域の慣習文化が破壊されていると考えている。さらにインターネットは、新たなグローバル秩序の主要なシンボル、たとえば世界貿易機構(WTO)やG7/8の会合に対する大規模な抗議活動を企てる人々にとって中心をなしてきた。WTOのような組織はサイバー空間でも攻撃され、世界規模の直接行動がインターネットを活用してWTOのコンピュータ・システムを妨害し、展開中のイベントに関する情報を流したのであった。

脱領土化したグローバルな諸存在は、同じように動的《モバイル》で脱領土化された公私渾然の社会運動による民主的な「動員」のプロセスに対してまったくすきだらけである。世界の公共スクリーン上では、米国の警官によって頭を叩かれる平和的な抗議者の映像がグローバルに行きわたっている。WTOは、新たな貿易自由化のラウンドをずっと強行できないでいる。WTOは、経済的な私的領域をグローバルな公衆に曝すグローバルなスクリーン化を介した公共的な貶めを受け入れざるをえなかったのである(Sheller and Urry 2002 を参照)。さらに、この出来事は世界中に拡がっている抗議の波のほんのひとつにすぎず、同様の「反資本主義的」イベントをともなうスクリーンは、一九九九年六月、二〇〇〇年メーデー、二〇〇一年七月などという具合に、続々と生まれている。この組織者たちが述べているように、「私たちの抵抗は資本と同様にグローバルだ」(http://www.freespeech.org/mayday2k を参照)。

このように新たな「組織」は、グローバルにメディア化されて展開してきた。人びとは、物を買ったり、Tシャツを着たり、CDを聴いたり、ウェブ上のその組織のサイトをサーフィンしたり、コンピュータ上の通信妨害に加わったりなどして、自分がそうした組織の一員（ないし支援者）であると考えている。しかし、グローバルな流動体が非常に強い力を有しながらも、組織の「メンバー」は、「いま」という、著しく局所的な共感の時を他者と「ともにする」ためにときどき集まる。この場合には、「近接性への衝動」と呼ばれてきたものがみられ、その例としては、フェスティバル、ビジネス会議、休暇、キャンプ、テロリストの訓練所、セミナー、そしてもちろんグローバルな抗議活動の場があげられる（Boden and Molotch 1994; Szerszynski 1997; Urry 2002b）。

グローカル化のアトラクタの作用は、グローバル金融システムにおいてもみることができる。グローバル金融システムは、リアル・タイムでの二四時間のグローバルな取引を通じて働く市場の商品化とともに、場所からの脱埋め込みを徐々にすすめてきた。しかしこのグローバルな脱埋め込みは、同時に起こる「ローカル」なものの強化増大と相まってかろうじて生じる。電子貨幣空間で形成される脆くて象徴的なコミュニティのために、再埋め込みされた個別的な空間が信頼関係をさらに強固にしようとして発達するのである。新たな会合の場は再帰性のノードとなって、時間の経過とともに無数の反復を通じて響きわたり、グローバルに組織された電子貨幣空間を強化し拡大させている。

ボーデンは、このアトラクタの作用をつぎのようにまとめている。

複雑なテクノロジーとさまざまな程度の不確実性に取り囲まれるなかで、社会的なアクターは、取引をするために、互いを捜しだし、この取引がグローバルな取引交換の電子掲示板全体に書き込まれてゆくなかで、市場が形成される。アクターたちは、緊密な社会的世界のなかで一緒になり、互いに利用しあい、世界を動かす自分たちのレバーに手を伸ばし動かすことで、「何が起こるのか」についての共通理解を活用している。(Boden 2000: 194)

ロンドン金融街のシティでは、対面的な相互作用の新たな場所が立ち上がり、そのことで、二四時間のグローバル・トレーディングが招いた乱舞する情報の狂乱を安定化させた。ビジネス・ランチ(「女性化」とともに酒と肉ばかりではなくなっている)、会議、研修、企業接待、さらには名刺までもが、その重要性を高めている(Leyshon and Thrift 1997: 349–50)。ほとんどすべての国における金融慣行が、一方で、手堅い信用からなるローカルに堅く結びついた社会的世界と、他方で、大いに脱埋め込みがすすんでいて、抽象化したグローバルな貨幣空間との諸関係に引き込まれ、またそうした関係を通じて作り上げられている。この両者は、多くの他の取引パタンがそうしたグローカル化したアトラクタに引き込まれ、このアトラクタを通じて変容するなかで、他方を強化、補強している。

似たようなことは、ソフトウェア産業における職場関係を特徴づけているようにみえる。ライアンは、ソフトウェア開発者が、自らのグローバルな経験の二つの特徴を相殺するために、いかに集中的な「チーム」作業に頼っているかについて述べている(Ó Riain 2000)。彼によると、第一に、従業者は、アイルランドでソフトウェア開発に関わるこの事例では多文化的であるため、対面的な結びつきの形式が、他の状態では破壊的な「差異」に対処するために必要とされている。そして、第二に、これらの開発者には、非常に流動的な経歴と、互いに比較的短期的なつきあいがみられる。したがって、「結束力のある作業チームをつくるための空間と文化の共有という深い経験」が必要とされる（ibid.: 189）。こうした場所は「他の場所との『あいだ』にますますみられるようになり」、ダブリンの内外でみられる「革新的な地区環境」の一部となっている（ibid.: 189）。

グローカル化に関するやや大ざっぱな説明は、トーマス・フリードマンの『レクサスとオリーブの木』にみることができる（Friedman 2000）。フリードマンがいう世界の半分は、グローバルな世界のなかで成功を収めようとして自らの経済を近現代化し、合理化し、民営化することで、より良いレクサスを生産することに余念がない。これは、「第一のモダニティ」である。そして、残り半分は、誰がどのオリーブの木を手に入れるのかの決着をつける戦いに巻き込まれている。このオリーブの木は、ルーツ、係留、アイデンティティを表わしており、ラッシュが「もうひとつのモダニティ」（Lash 1999）と呼ぶものである。オリーブの木もまた、他者を排除することが必要となる。そして、レクサスとオリーブの木の争いを、フリードマンは、新たなグローバル秩序を特徴づける種々の関係の比喩として採用しているのである。この二つは必ずしも対立するものではない——ムスリムの航空機乗客が、ＧＰＳによって飛行機とメッカとの位置関係を正確に知ることが可能になっていることを考えてみよう。

バーバーは、終末論的なまなざしでグローカルなアトラクタをみている（Barber 1996）。バーバーが述べるところでは、創発的なグローバル秩序は、一方のコンシューマリズム的な「マックワールド」と他方のアイデンティティの政治である「ジハード」との争いに、ますますロックインされている。マックワールドとジハードが相互に依存して、グローバルに強め合う「新たな世界無秩序」がみられる。両者はいっせいにストレンジ・アトラクタ、すなわち既存の公共圏、市民社会、民主主義的形式を脅かす螺旋《ら》状のグローバルな非平衡を構成している。バーバーの論じるところでは、「両者の弁証法的な相互作用は、予期せざる新しいかたちの独裁をほのめかしている。その独裁は、目に見えないが独裁的なコンシューマリズムからあまりにも明らかな破壊主義までさまざまである」(ibid.: 220)。

以上のストレンジ・アトラクタは、さらに「シティズンシップ」というナショナルにコード化された既存の諸概念を巻き込んでいる。この概念は、二つの選択肢、すなわち一方の消費者主義と他方の地域主義的なアイデンティティの政治へと引き込まれている。このようにナショナルに焦点化された既存のシティズンシップの諸概念は、「グローカル化」のストレンジ・アトラクタに引き入れられ、このアトラクタを通じて変容している。これ以外にも、ありとあらゆる諸関係が、そのようなアトラクタの重力効果に引き込まれている。イスラム教、ヒンドゥー教、「再生」派キリスト教、多くの「ローカル」な宗教自体がグローバルな特徴をもつようになっている。そして各々が、それぞれにグローバルな可視性を開発し、そうした共進化のプロセスに対応する方法についてよく知っているようにみえる(Appadurai 1996を参照)。

最後に、共産主義崩壊後のハンガリーは、グローカル化のアトラクタが諸々の関係の多様な集合をどのようにその強力な包囲網に引き込んでいるといえるのかを明らかにしている(Gille 2000)。東欧はいまや一般的に荒廃地——失敗に終わった共産主義の政治プロジェクトと、不相応な量の廃棄物を生み出した経済の荒地——とみられている。ハンガリーのガレでは、廃棄物焼却炉の新プラントをEUから一部資金供給される廃棄物処分場に設置することで、グローバルな廃棄物焼却産業のありようとグローバルな環境運動の両者に影響を及ぼしている。EUは、旧東欧で種々の廃棄物焼却炉プラントの建設に資金を供給している。このプラントは現地《ローカル》の廃棄物をエネルギーに変えるものである。しかし自然愛護者たちによれば、そうした処理場は、西欧人の視覚と嗅覚から離れたところで、西欧の廃棄物を焼却するものでもある。このように、ガレにおける廃棄物焼却炉プラントの設置は「グローバル化」の産物であるようにみえる。これは、EUによって支援、荷担されている。そして、グローバルな廃棄物焼却産業の論理によって説明できるものである。

しかし、ジルは、強力なグローカル化のアトラクタの命題により合致した分析を提示している。それによると、ハンガリーにおける共産主義崩壊後の複雑な政治の影響のひとつとして、国民国家の相対的な消失があった。このことによって、ガレという特定の場所が、焼却炉を自らの地に造らせるために、もともと廃棄物処分に対して責任がある企業と直接的な関係を切り結ぶことが可能となった。諸々のつながりが種々の他のグローバル企業とのあいだに打ち立てられ、同時にEUによる資金提供も保証された。さらに、焼却炉に賛成する地元の支配層は地域史に対する強いセンスを動員することができた。このことは、近隣の地域とか、外部から影響を与えようとするグローバルな自然愛護家への反論を支えるのに一役買ったのである。ジルは、ここで作用したグローバル-ローカルの諸関係を次のようにまとめている。「ガレの生活から国家が消えたことによって生まれた空白は、……新たな〔ローカルな〕支配層が自らの利益のために巧みに利用したグローバルな力と言説によってすぐさま埋められた。……ローカルとグローバルのこうした直接の結びつきは、社会主義のもとでは現われようもなかった。国家の傘が晴雨にかかわらずグローバルな気象から地域を保護していたからだ」(Gille 2000: 252)。こうして、ジルがまとめているように、社会がつぎつぎと、本書でグローカル化するアトラクタと名づけられたものへと引き込まれ、それによって再形成されるようになるにつれ、「グローバルな力は、……かつてよりも制約がなくなり、いっそう授権的《イネーブリング》になっている」(ibid.: 261)。

グローバルな創発

これまで本書では、グローバルな社会もグローバルな権力中枢も存在しないことを、それゆえ明確なグローバルな「領域」も存在しないことを示してきた。「グローバルな」プロセスの力を示す証拠となる明白な事象群も存在しない。したがって、私は、グローバル化が一組の線形的な効果、たとえば、文化の高度な均質化とか、社会経済不平等の拡大とか、民主主義国家の世界的な成長といったものをもたらすとの主張には同意しない。

「グローバル」なものとして本書で扱われるのは、これまでにみてきたあらゆるプロセスと密接に結びついているとはいえ、単一の影響群を生み出すものではない。グローカル化のアトラクタの展開は、地球全体にわたる経済的、社会的、政治的な関係の構造そのものの全面的な移行をともなっている。しかし、このことの証左は、「グローバル」なものの直接の「テスト」ないし「測定」を可能にする一組の影響群からなるものではない。とはいえ、「グローバル」とみなされるこれら諸関係からなる諸集合を検証する実質的な調査プログラムは存在するにちがいない。

アボットによると、多くの社会科学では、社会的な世界が可変属性を有する実体からなるという「線形的リアリティ」が仮定されている。つまり、この属性はひとつの意味だけをもち、過去の出来事の順序は無関係であり、コンテクストはこの属性に影響を及ぼさないとされている（Abbott 2001: ch. 1）。アボットはそのような立場への全般的な反論を行なっているが、グローバルな諸プロセスと、とりわけ、グローバルとローカルの関係を構築し再構築するグローバル－ローカルな諸プロセスは、その歴史と無関係である可変属性を有する明確で揺るぎない固定された実体がある、ないしありうるとする考えを、いっそう掘り崩している。実際に、地球上の諸々の関係がグローバル化されていることを示す「証左《エビデンス》」は、必然的に両義的で、矛盾をはらみ、争点含みのものとなる。複雑性による創発的なシステムの定式化に同意するのが正しいとすれば、グローバル化の調査研究は、グローバルなもの、とりわけグローカル化のアトラクタの形成に関係する、不均等で平衡から遠く離れた相互依存プロセスの諸集合を表わし捉えるものでなければならない（ダッフィールド［Duffield 2001］がグローバル・ガバナンスを肯定しているように）。

ヘルドらは、グローバルなネットワークとフローの広がり、相互連関性の強さ、地球をめぐる移動の速さ、そうした相互連関性の影響の強さについて、おびただしい量の証左をあげている（Held *et al.* 1997）。そして、これらは強い影響を有しており、とりわけ、システム内の強力なローカルな乱れの影響が、結果としてグローバルなシステム全体で創発する予測不可能な分岐としてあらわれている。そうしたローカルな乱れの例としては、ベルリンの壁の崩壊、米国での最初のウェブ・ブラウザの発明、ネルソン・マンデラの南アフリカの刑務所からの出獄、そして二〇〇一年九月一一日に起きた二〇人の爆破犯による四機の米国航空機の襲撃などがあげられる。

しかし、そのような創発効果は、しばしば「小さな原因」によって生じるものである。この小さな原因は、多様で重なり合ったグローバルなネットワークと流動体を通じてリレーされ、実にさまざまな時間スケール上に広がってゆき、地球の表面を飛び越え、潜り、横切り、物理的に、とりわけ情報的に相互作用する。この相互作用は、豊かで、非線形的であり、「グローカル化」のアトラクタへと向かっていく。ここには、揺るぎなきグローバルないしローカルな存在を扱う単純な経験的研究は存在しない。むしろ、その諸過程は、「重力」のようなものであるといったほうがよい。数々の多様な局在的なパタンに対する強力な重力効果がますます高まっている。そのようなグローバルにみて複雑なシステムは、とくに一九九〇年頃からの情報の脱実体化から発達し、正のフィードバック・ループをともなっている。そして、そこでは、多くの実体がアトラクタの関係に引き込まれるにつれて、グローバルなものは平衡から遠く離れたものとなっている。

　さらに、この数々のグローバル・システムの集合は、他のいかなる社会システムとも似ていない。その創発的な特徴が、自らをそれ以前のものとは異なったものにしているのだ。逆説的にいうと、ここには中世のヨーロッパとの多少の類似性がみられる。このグローバル化する世界を「新しい中世」と呼ぶ者もいる。グローバルな世界では、いくつもの政治的な単位が、個々の社会を超えて存在している（Walby 2001を参照）。それらは、コカ・コーラ、マイクロソフト、ディズニーといった、社会よりも強力な諸帝国である（Klein 2000を参照）。さらに、ロンドン、シドニー、ロサンゼルスといった都市国家の競争もみられる（Roche 2000を参照）。そしてナショナルなつながりの低下とともに、多くのつねに動き回っている知識人、スポーツ・スター、音楽家などが、国際的な放浪者とともにみられるようになっている（Urry 2002aを参照）。しかし、創発的なグローバルな秩序形成とヨーロッパ中世のあいだには多くの違いもある。たとえば、とりわけ、家庭と戦争のテクノロジー、生産、循環、配分、交換の点で違いがあり、ヨーロッパ中世との比較からは、有用な知見はほとんど得られない。

国民国家のシステムも同様に、グローバルなシステムとほとんど似たところがない。前者のシステムは、自国民を「統治」する国民国家を通して作り上げられており、明確な境界とメンバーシップを有し、自己組織的な性格を備え、各々は、それぞれの「他者」への対抗から統一性を育むようになっている。互いに競い合う、自己組織的な国民国家のシステムが存在し、これが二〇世紀を特徴づけてきた（多くの例外はあるが）。グローバルなシステムは、対照的に、中心的な国家によって統治されてはいない。ただし、自らの利益のためにグローバル・ガバナンスに対する種々の規則を作り上げる企業世界による活動が、かなり重要なものになっている。モンビオは「世界支配に向けての企業努力」を実に巧みに描き出している（Monbiot 2000: ch. 10）。

このように、グローバルな社会実験室が眼前に広がっており、そうしたなかで、私たちは適切な調査ガイドをほとんど手にしていない。しかし、三つのことは確かである。すなわち、グローバルなものへと向かう展開は不可逆的であるが、予測はできない。そして、グローバルなものが備える特徴に対する探究が強く求められており、その特徴は他の社会システムの特徴とは異なったものである。最後に、グローバルなものは他に似ているものがないために、社会科学は大なり小なりゼロから始めていかねばならない。階級支配論のような既存の理論は、グローバルなレベルに置き換えられると、使い物にならなくなってしまう。それゆえに、スクレアー（Sklair 2001）が階級論をグローバルなものとして描き出そうとしていることには、大きな限界がある。

そういうわけで、本書では複雑性に拠り所を求めてきた。複雑性は、しばしば平衡から遠く離れ、中心的な「統治者」のいない、奇妙で予測不可能なシステムを扱うからだ。これまでみてきたように複雑性は、構造と過程、安定と変化、システムとその環境を区分すべきでないことを強調している（治安研究でダッフィールド［Duffield 2001］が行なっている類似した定式化を参照）。

本書ではこれまで、「グローバル化」を単一の明確な揺るぎなき「因果力を有する」実体として定義することを拒んできた。ジェソップも同様に、グローバル化を「それ自体が特徴的な因果プロセスであるとするよりは、数多くのさまざまなプロセスの複雑な合力として解釈するのが最もよい」としている（Jessop 2000: 339）。構造とプロセス、安定と変化、システムとその環境を区別することを否定するならば、種々の他の領域との「競争」に関わる因果的な実体としての「グローバル化」はもはや存在しない。もっとフォーマルな言葉を使えば、そのような可変属性を有する実体は存在しない（Abbott 2001）。「数多くのさまざまなプロセス」があるが、しかし、中心的な問題は、それらのプロセスが、創発的で不可逆的な諸々のグローバルな帰結のなかでどのように組織され、よりローカルなレベルとよりグローバルなレベルとのあいだを行き来しているかである。この説明において、グローバル化は、いかなる意味においても「原因」としてよりは「結果」としてのシステムを描写するものとなる。ただし、本書ではそのような因果的な言語（Rosenberg 2000）がほとんど不適切であることに注意を払ってきた。ここから、パフォーマティビティのレンズによってグローバルなものを考えることになるのである。ここで、そのようなグローバルなものの考え方について検討することにしよう。

第一に、「地球」は多くのさまざまな国を越えたところで多くの市民の関心の対象となっている。この点については、さきに、テレビ番組内でグローバルな映像がきわめて広範に利用されていること、そしてグローバル企業、広告、とりわけ政治運動によるブランド化に言及した。また、グローバル・ガバナンスの諸相に関心をもつ無数の対抗的組織が、一九六〇年代から展開されてきた。とりわけ一九四八年に国連が設立されて以来、再帰的な関心の対象として地球全体を受け止める数々の制度的組織も生まれている。地球は、「世界リスク社会」(Beck 1998)と呼ばれてきたものに直面しており、世界中に及ぶ広範にわたる再帰性の対象となってきた。こうした展開とともに、私たちは少なくとも「他者の終焉」とみなされているようなものを経験する可能性が生まれている。

　現代の科学は、環境をその実験室として扱うことを通して、このグローバルなリスク社会という怪物を創り出した。しかし、科学はまた、

> 地球が、全人類の唯一の家である孤独で傷つきやすい宇宙船であることも証明してきた。もっともそれは、国籍、宗教、肌の色、コミュニティ、エスニシティなどにもとづく境界によってバラバラになった家ではあるが。そして、自らがどのようにして現下の観念、情報、ヒト、財やサービスの移動に役立つ能力を用いて世界を小さな場所としてきたのかを示しもした。さらには、自らがどのようにしてすべての生命系の基本的、根源的な一体性を明らかにしたかについても示してきた。
> (Menon 1997: 35–6)

ノーベル賞受賞者のジョセフ・ロートブラットは、私たちは「国民」に対してよりも「人間性／人類《ヒューマニティ》」への忠誠を高めていくことができ、そして実際にそうしなければならないと主張している（Rotblat 1997a: x–xi）。国民としてのアイデンティティではなく「人間性／人類」に対する普遍主義的忠誠を高めるうえで鍵となるのが、世界の人びととのグローバルな相互依存である。ロートブラットは、次のように主張する。

> 通信輸送のめざましい進歩が、緊密に相互連関した共同体へと世界を変えた。この共同体では、すべてのメンバーが、自らの幸福のために支え合っている。いまや私たちは、地球のどこであれ、何が起きているのかをすぐさま知ることができ、必要な場所に支援の手をさしだすことができる。……私たちは、ともに手を取り合い真にグローバルな共同体を形成するために、数多くの新しいコミュニケーションの回路を切り開いていかなければならない。私たちは、世界市民にならなければならない。（Rotblat 1997a: x–xi; Walby 2001 も参照）

科学と世界の諸問題に関するパグウォッシュ会議は、グローバル・メディアが重要な役割を果たすことを予想し、また期待しているが、それはグローバル・メディアが地球全体に認識情報を伝えるからだけではない。むしろ、文化的な作品が、「いま」を共有するメディアの映像を通じて伝えられ、「そこに描かれる世界の出来事に対する感情的反応」を引き起こすことが可能であるからだ。そうしたイメージは、広域的でグローバルな相互依存についての意識を高めて、問題のある政府に対して、その問題行動を控えるよう圧力を加える（Rotblat 1997a: 14）。より一般的に、ヴァーツラフ・ハヴェルはこう述べる。「より良き未来の希望は……人びとの国際的な連帯のようなものにあるのではなかろうか？　伝統的な政治の大芝居の外にあり……人びとの良心からなる現象を、現実の政治勢力とするようつとめるそのような連帯に」（Rapoport 1997: 97 から引用。S. Cohen 2001 も参照）。

さらに、科学者たち（そして、他の専門家集団）は徐々にポスト・ナショナルなかたちで組織されるようになっている。彼らはほとんど「準ネーション」となっており、そこには、グローバルに組織化されたイベント、タイムテーブル、報奨（たとえばノーベル賞など）といった自らの手によるシステムができあがっている。そして、最新の電子通信が発達するとともに、こうした準ネーションは重要性を増し拡大し、グローカル化のアトラクタに引き込まれていくようになる。電子通信が書面による通信に取って代わり、「全地球」が「境界線のある領土」に取って代わるなかで、専門家たちは実際にグローバル・ビレッジを国民国家に代わるものとみるようになっている。国境を横断するコミュニティが普通の人びとの生活で果たす役割が増加しているという意識が広がっている（Rotblat 1997b）。影響力のある種々の人物が、「闘争のアリーナとしてのトランスナショナルな市民社会」（Keck and Sikkink 1998: 33）の成長とともに、華僑のような非常に広範囲で自己組織的な「領土的基盤を持たない帝国」（Ong and Nonini 1997）の成長を語ってきた。

分析者によってはまた、女性のほうがグローバルなシティズンシップ概念に引きつけられる傾向が強いと論じている。女性たちのほうが戦争に反対する割合が高いようにみえるのだ（湾岸戦争については、Shaw 1994: 127 を参照）。女性たちは、しばしば男性性という国威のシンボルをとりわけよそよそしく感じている（Yuval-Davis 1997）。実際の調査結果では、女性たちがとくに自然の保全や環境問題への関心が高いことが示されている（Anderson 1997: 174）。このように、女性のほうが、国家から相対的に自由なシティズンシップ概念の優勢を他の人びとに納得させ、さらには、種差的な女性の権利、たとえば性的暴行からの解放の拠り所となる普遍的権利の概念を提起する傾向が強い（Shiva 1989; Kaplan 1996; Walby 2001）。

科学、メディア、国際的なグループ、女性などによるさまざまな社会的営為は、再帰的関心の対象としての地球の普遍性とされるものから生じており、これらの営為がグローバルなものを形成ないしパフォームしはじめているといえよう。『グローバル・ネイチャー、グローバル・カルチャー』（Franklin *et al.* 2000）では、「パフォーマンス」としてのグローバルなものの概念化について明らかにしている。実際、この書ではさまざまな複雑性の概念が用いられている。具体的には、カタストロフィ、カオス、フラクタルといった概念、グローバルな文化が部分的にいかに自己組織的であるのかについてのアイデア、グローバルなシステムの開放的な性格および反復の重要性についてのアイデア、特定の情報のフローが及ぼす全般的な破壊的影響についての考え方が援用されている。グローバルなプロセスの複雑で、非線形的で、時間的に不可逆な特徴についての断固とした認識がみられる。

フランクリンらは、なかでもジュディス・バトラーの以下の見解に依拠している。バトラーによると、パフォーマティビティは「それだけで成り立つ、熟慮にもとづく『行為』としてではなく、むしろ言説が自らの名づける結果をもたらすようになる反復的で引証的《サイテイショナル》な営みとして理解されなければならない」（Butler 1993: 2）。バトラーは、パフォーマンスに対して反復のもつ決定的な重要性を明らかにしている。

構造は永久に、固定されることも与えられることもない。構造は、つねに時間の経過とともに働きかけられなければならない。そして、何か（たとえばグローバルなもの）に名を与えること自体が、ある程度、名づけられた当のものを呼び寄せることになる。フランクリン、ルーリー、ステイシーは、グローバルなものはそれ自体で「パフォームされ」、その外部のものに起因するのではなく、その外部の影響の原因とはならないと主張する。フランクリンらは複雑性に由来する「オートポイエーシス」の語を用いてはいないものの、グローバルなものを、自動作動し、自己再生産されるものとみている（本書第2章を参照）。こうしてフランクリンらは、グローバルなものが、とりわけ種々の物質－記号的営為を通じて自らの領域を構成するようになるにつれ、どのようにして創発効果として生まれているのかについて検討している（Franklin *et al.* 2000: 5）。グローバルなもので示されているのは、それが非常に多様なスケールないしレベルで動いている多数の領野《ドメイン》にわたって「パフォームされ、想像され、営まれている」ものであるということである。

フランクリンたちはまた、グローバルなものが、どのようにして彼らが「親密なグローバルなもの」と呼ぶものを通じて自己のなかに「入り込んでいる」のかについて述べている。さらに、「種類」から「ブランド」への移行のために、自然がどのようにグローバル化のアトラクタに引き込まれているかについて述べている。自然は商品化され、テクノロジー化され、再生され、再ブランド化されている。そして、多くの物質－記号的営為——経済から、政治、医学、テーマパーク、コンピュータ・テクノロジーまで——は文化と自然のグローバルな再形成、とりわけ両者の融合の進展につながっているのだ。

したがって、こうしてみると、私たちは、グローバルなシステムをオートポイエーティクなものとして認めるべきなのであろうか（本書第2章を参照）。グローバルなシステムは、自己組織的であるのだろうか。マトゥラーナの記すところでは、オートポイエーシス・システムは「構成作用が、自らを生産するネットワークをその相互作用によって回帰的に生成かつ実現させ、そして、そのネットワークの実現に与ることで、自らが存在する空間のなかにネットワークの境界を形成する生産ネットワークと定義される」（Maturana 1981: 21）。したがって、オートポイエーシス・システムは、一定の属性を有する静的な構成要素のあいだで見られる諸関係の集合なのではない。むしろ、その当のシステムを作り上げるのに実際必要である、構成要素の生産の経時的な反復を介しての自己制作のプロセスが存在する。多数のフィードバック・メカニズムを介しての、生産プロセスの連続的な再生成が存在するのだ（Capra 1996: 168）。

社会学の文脈では、ルーマンがこのオートポイエーシス概念を最も展開してきた。ルーマンは次のように規定している。「システムによって単位として用いられるいかなるものも、システム自身により単位として生産されるのである。このことは、要素にも、過程にも、境界にも、他の構造にも当てはまり、最も重要なことは、システムという統一体そのものにも当てはまる」（Luhmann 1190: 3; Mingers 1995も参照）。そのようなシステムは「オートポイエーティクな再生産の特別な様式」として「コミュニケーション」を展開する。なぜなら、コミュニケーションだけは必然的に社会的であるからだ。オートポイエーシス・システムの理論には、各々のシステムの基本構成要素としてのコミュニケーションの展開がみられる。そうしたコミュニケーションは、生きた意識的な単位ではなく、情報、発話、理解の三つの要素を必要とする。ルーマンはこれらを、コミュニケーション・プロセス内で共同創出されるものと理解している。社会システムは「閉鎖系」でなく開放系であるが、コミュニケーションに関しては再帰的に閉じられている。ルーマンがいうように、そうしたコミュニケーションは、「われわれがよく知るところの社会」の自己制作へと至る（Luhmann 1990: 13; P. Stewart 2001 も参照）。これらのシステムは、自らが作動しなければならない環境の複雑性を縮減するために、自らの複雑性と選択性を増大させる（Luhmann 1990: 84）。

諸々のグローバルなシステムの性質を検討することとオートポイエーシス論とは、どのように関連しているのであろうか。間違いなく、オートポイエーシスの概念は、『グローバル・ネイチャー、グローバル・カルチャー』でみられる、グローバルなコミュニケーションの進展とその結果としての世界中の自然的、文化的領域の再形成に関する分析と、少なからず類似している。オートポイエーシス論はまた、グローバルなものを示すことを通して、そして無数の反復を通して、グローバルなものが生み出されていくとする議論に似たところがある。ルーマンは、「世界社会」の展開にともなう分化について語っている。

しかし、本書でさきに概説し認めたグローバルなネットワークと流動体の非常に特殊な性格をつかむには、ルーマンの議論はあまりにも抽象度が高すぎる（もっと限定的な適用のためには、Medd 2000 を参照）。ルーマンの説明は機能主義的であり、「カオスの縁」にある現代世界に関わりのある、平衡から遠く離れた偶発的なプロセスを捉えるものではない。正のフィードバックよりもむしろ負のフィードバックのほうが優勢である。ルーマンは、「われわれがよく知るところの社会」について言及している。しかし、このことが図らずも示しているのは、自己制作の一般的概念を、しばしば平衡から遠く離れて働く複雑で分裂した実体である、ネットワーク化された現象の細かな働きそのものと接続させることができないことである。この自己制作の概念が、グローバルなネットワークとフローの拡がり、グローバルな相互連関性の強さ、世界中の移動のものすごい速さ、そのような相互連関性の影響の大きさを十分に捉えていないという点で、以上の限界はさらなる問題をはらんでいる。

実際、ルーマンのオートポイエーティクな定式化をグローバルなものないし「世界社会」に適用することは、結果として、地球上に広がるシステムに影響を及ぼすすべてのものがその自己制作に貢献するとみなされる「グローバルな機能主義」に帰着することになる。したがって、グローバル化にともなう過度の不平等、「地球温暖化」による地球の温度の上昇、国際テロの台頭といったものは、すべて、グローバルな自己制作のプロセスになくてはならない機能的要素とみなされかねない。この見方はなるほどと思わせるものではない。しかし、グローバルなものを、部分的にあらわれている自覚をもったトランスナショナルな資本家階級によってもたらされた明確で決定的なものと扱う別の見方（Sklair 2001）もまた、同じように納得のいくものではない。

おわりに

こうしてみると、グローバルな自己制作の概念は一見もっともらしくみえるが、定冠詞付きのグローバル・システム全体をオートポイエーティクなものとみるべきではない。ここで、以上みてきた立場はどのように結びつくのだろうか。

さしあたり、第2章で展開したプリゴジンの議論に戻ることが必要である。プリゴジンは、いかにして秩序の新しいポケットが、平衡からしばしば遠く離れた状態で起こるのかを示している。これらのポケットには、散逸構造、すなわち、無秩序の一般的な海における新たな秩序の島がみられる。プリゴジンは、こうした秩序の島は、より大きな全体のエントロピーないし無秩序と引き替えに自らの秩序を維持したり、さらには自らの秩序を高めることさえできると主張している。プリゴジンは、これらひとつひとつの秩序のポケットがどのようにして「無秩序のなかに浮かぶ」のかについて述べている（Capra 1996: 184）。そのような新しい局地的な秩序の源となっているのは、平衡から十分に離れた種々のコンテクストである。こうした秩序のポケットの例としては、カオス的にみえるが実際には高度に組織されている水や大気の乱流があげられる。この種の乱流には、非常に効果的なフィードバック・メカニズムを有する自己制作のプロセスがみられる。

プリゴジンの定式化は、グローバルな複雑性を理解するうえで重要な鍵を与えてくれるように思われる。この知見を簡単にまとめておくことにしよう。なぜなら、それによって、次章で展開することになるグローバルなものを扱う新たな社会科学の基礎が示されるからである。

第一に、影響力のある数々の論者による主張に反して、単一の平衡したグローバル・システムは存在しない（Sklair 2001を参照）。また、他の社会システムにみられるように、統治心性と社会秩序になくてはならない「他者」はグローバルなものには存在しない。

しかし、グローバルな相互依存ないし本書でグローバルな複雑性と呼ぶもののシステミックな諸形式は存在する。この「システム」は大きく開かれており、相互依存したハイブリッドな種々のネットワークと流動体で成り立っている。このネットワークやフローは、著しく多様で対照的な軌道に沿って、時空を通じて動き、時空を超えて動く。このグローバルな「システム」には、明らかな平衡へ向かういかなる傾向もみられない。そして、このグローバル・システムがオートポイエーティクな自己制作を通じて全体として組織されることを示す証左はない。その理由のひとつは、そのようなシステムとその環境に関わる一連の生物的、社会的、物理的なプロセスのあいだの諸関係がいかなるものであるのかを特定することが不可能であるからだ。グローバルな機能主義やグローバルな陰謀論を前提とすることは避けなければならない。過去の世紀にわたって展開されてきた双方の定式化に対する批判に照らしてみれば、なおさらである。

しかし、グローバルな複雑性は、単にアナーキーな無秩序ではない。この全体的な無秩序パタン形成の内には多くの秩序化のポケットが存在し、そのプロセスには、グローバルなものをパフォームすることが含まれ、種々のフィードバック・プロセスをともなうとともに、いくつもの時空を経て進展する。秩序形成のそのようなポケットは、種々のネットワーク、流動体、ガバナンスのメカニズムを含む。これらのさまざまな秩序のポケットは、われわれがグローバルなものと呼ぶものと類似《パラレル》する諸概念と諸プロセスを発達させる。さまざまなレベルで、「グローバルなフラクタル」と呼んでいいようものがみられる。これは、家庭からいわば国連まで、世界中で実にさまざまなスケールで見いだされる不規則であるが妙に類似した姿形である。

そして、そうした秩序化のポケットが創発するにつれて、「グローバル－ローカルな」モノ、アイデンティティ、制度組織、社会的営為などの、しばしば非常に重要な非線形効果がさまざまに発達するのである。これらは、グローカル化のストレンジ・アトラクタを形成し、さらには細かく織り上げるようになっている。重力のように、このアトラクタは、世界中の諸々の社会関係のいくつもの集合を自らの優しい抱擁に引き入れて、そうした関係を、相当な期間にわたって起こる無数の反復を通して再構成するものとして考えることができる。とりわけ情報と輸送革命の速さ、範囲、深さによって、世界中でそうしたグローカル化する諸関係の相互依存的、非線形的な影響が高まっている。

このように、秩序（ないし秩序化）のポケットが、グローバルな無秩序の海のなかに存在する。そして、以下の章で詳しくみるように、さまざまな時空スケールで作用するそうした秩序化のポケットは、実際に、グローバルな無秩序の海の乱流、つまりリスク文化を強めている。

第6章　社会秩序化と権力

社会秩序とグローバルな複雑性

社会学や社会科学における長年の問題のひとつは、より一般的には、何らかの秩序がいかにして社会生活において確立され維持されるのかに関するものである。初期の定式化、たとえばハーバート・スペンサーの定式化では、社会身体の働きが人体のそれに類似しているという主張がなされた。そして、社会が発達し成長するにしたがい、身体と同様に、専門機能の構造分化が進む。社会身体は、人体のように、別々の部分の相互依存と統合をその特徴とする。何らかの社会制度の説明は、社会有機体全体の再生産に対するその貢献、つまり「機能」を示すことで果たされるというわけだ（Spencer 1876/1893）。

タルコット・パーソンズは、社会学の中心問題はただひとつであるとし、それは、社会秩序がいかに確保され維持されるのかにあると大まかに主張した（Parsons 1960）。この問いに答えるために、パーソンズは、規範的な機能主義的分析を展開した。それによると、社会における秩序は、スペンサーが論じたような市場の相互依存を通してではなく、マルクスらが主張したような経済的、政治的、イデオロギー的な支配の強制的な諸関係を通してでもなく、規範的なコンセンサスを通して維持される。

しかし、数々の理由のために、「古典社会学」から立ちあらわれている以上のような定式化は、いまとなっては、あまりにも時代遅れのものとなっているように思われる。第一に、かつての社会学者たちは、生きた有機体と生きたシステムを区別しなかった。彼らは、社会システム内の秩序がいかにして受け入れられるのかを理解するために適切な比喩を引き出そうとして、有機体にみられる特徴に注意を傾けてきた。秩序はけっして単一なものでも、固定されたものでも、確定したものでもないことを考えれば、生きたシステムの諸特性から社会秩序の適切な分析がもたらされるであろうに、そのことを一顧だにしなかったのである。複雑系科学は、社会学にみられる古典的な機能主義の静的性質を超える社会秩序の思考法をもたらしてくれる。古典的な枠組みでは、社会身体の固定部分は全体社会の働きのなかで固有の機能を果たすものとみなされてしまうのだ。

第二に、古典社会学は、何が「社会秩序」を構成するのかについてわりに単純な概念を用いる傾向があった。パーソンズの理論にみられるのは、あらゆるレベルで個々の社会に全面的に適応する価値と規範のヒエラルキー、明確な社会的平衡概念、そして、秩序を素早く効果的に回復させることができる強い負のフィードバックないし舵取りのメカニズムである。しかし、複雑性が示しているのは、パーソンズに強い影響を与えた第二次世界大戦後の早い段階におけるサイバネティクス論とは対照的に、それほどに明確で効果的な再平衡化のプロセス群は存在しないということである。そして、実際のところ、社会秩序を取り戻そうとする試みは、ほとんどつねに、いっそう予期せぬ結果を生み出すことになる。そうした試みは、社会を、秩序化されたいかなる平衡からもさらに引き離すということにしばしばなる。

本章の後の節では、この予期せぬ結果のシステミックな働きの例として、「メディア化したスキャンダル」の有する非常に「複雑で」予測不可能な性格について考える。古典的な枠組みでは、固定された所与の静的な社会秩序観を問題あるものとする社会生活の動的《モバイル》なパタン化がほとんど考えられていなかった。秩序形成は、「移動しながら」達成されるものといえるかもしれない。

第三に、古典社会学と二〇世紀初期の社会学の定式化において社会に焦点が据えられる場合、各々の社会の境界を超えてあるものがいかなるかたちで社会秩序形成とみられるものに関係しているのかが、ほとんど考えられていない（Urry 2000b: ch. 1）。パーソンズにみられる自律的で自己再生産する社会という概念は、二〇世紀を通じてみられたアメリカ社会の自律性らしきものから派生している。そして、パーソンズは、二〇世紀米国の種差性を認めることなく、他のあらゆる社会と思われるものに対してこの特徴を一般化したのであった（ibid.）。パーソンズは、「社会」を「その他の社会システムを含むその環境との関連で最高水準の自己充足性を特徴とする社会システムの類型」（Parsons 1971: 8）と定義した。しかし、そのような自己充足的な社会はほとんど存在せず、たいていは、ほんの二〇世紀を通して米国によってもたらされた他の諸社会に対する支配に依拠したものである。それに対して、今日構想されうる社会秩序分析において、経済、社会、政治、文化、環境面でのグローバルな相互依存の非常に複雑な諸形式について扱わないものはまずない。あるひとつの社会の社会秩序は、つねに創発的でトランスナショナルな諸関係との多様なつながりの上に成り立っているのである。

最後に、社会的な秩序は純化された社会的な諸過程の結果ではないことが、今日徐々に明らかになっている。ロウは次のように論じている。「実のところ、社会的な秩序形成が完全に社会的であるという考えは消えてなくなる。……社会的と呼んでいるものは、実質的に異種混交的なものである。すなわち、会話、身体、テクスト、機械、建築、これらすべてのものとさらに多くのものが、社会的なものに関与し、社会的なものをパフォームしているのである」(Law 1994: 2)。こうした意味において、純化された社会秩序を説明する古典社会学の考えは、過去のものとなっており、歴史のくずかごへと捨て去られなければならない (Latour 1993; Knorr-Cetina 1997)。

本書では、そうした社会秩序の古典的概念と袂を分かつ理論的な方策について詳しくみてきた。そして、数々の主張を推し進めるとともにその妥当性を具体的に検討してきた。つまり、縦横に結ん《クリス・クロージング》でいる「社会」とは、その環境と複雑に相互連関した多種多様なシステムなのである。数多くのカオス的な影響が、システムが生まれた地点から時空的に離れたところに及んでいる。このシステムは、ある面で、正と負のフィードバック・メカニズムの結果として生じており、このことは、秩序とカオスがつねに絡み合っていることを意味する。平衡から遠く離れたシステムを動かしている数多くの強力で自己組織的なグローバルなネットワークと流動体が、ますます台頭している。そういうわけで、純化された社会過程によって説明できるような社会秩序は存在しないのである。

こうした複雑性の思考によって、決定論と自由意志論の二分法が乗り越えられるようになる。われわれは、強い力を有する諸々の物質世界がいかに予測不可能で、不安定で、初期条件に敏感で、不可逆であり、ほとんど「社会的」には組織されていないのかを考えはじめるようになっている。実際、このことは、元英国首相のマーガレット・サッチャーにならって、「社会などというものは存在しない」ということになるのだろうか。サッチャーは、本書での議論とは非常に異なる「方法論的個人主義的」な理由でこの主張を行なったが、それにしても、もはや社会組成的な秩序形成は存在しないのだろうか。

ここでは、「社会」はなお存在するが、しかし、その社会組成的な力がグローバルな複雑性からなる諸々のシステム内の要素になることで変容してきたことを示したい。これらのシステムは平衡に向かう傾向を示しておらず、ありとあらゆる社会関係は不可避的にグローカル化のアトラクタに引き入れられている。社会とは異なり、迅速な運動の力をもって地球を巡り回るさまざまなネットワークと流動体が存在しており、そうしたものは、「領域」としての数々の社会を横断し、越え、潜って拡がっている（本書第4章を参照。Bauman 2000 も参照）。

ここで、社会が、グローバルな複雑性からなる諸々のシステム内の諸要素になることによってどのように変容しているのかについて、若干述べておきたい。過去二世紀のあいだ、独立しているようにみられた「社会」（とりわけ北大西洋環帯の「社会」）は、一方を他方から切り離す「バナールなナショナリズム」[26]によって特徴づけられてきた。バナールなナショナリズムには、慶賀の旗を振り、国歌を歌い、国家的に重要な公共建築で旗を翻し、国民的なスポーツのヒーローと同一化し、所与の社会の一員としてメディアのなかで呼びかけられ、その社会の独立記念日を祝い、特定の似通った政治的、文化的な慣行を共有するなどといったことがみられる（Billig 1995）。こうしたナショナリズムの中心的な構成要素の多くは、一九世紀後半にさかのぼるものである。

しかし、グローバルな複雑性の発達によって、そうした各々のバナールなナショナリズムは、しだいにグローバルな情報通信のチャンネルとシステムに沿って循環するようになっている。ナショナリズムは、より開かれたグローバルな秩序のなかで、各々の社会のブランド化と共振するものとなり、実際にそのブランド化の一部となっている。メガ・イベントの開催数が増えていくなかで、ネーションとその「バナールな」特徴は、とくに「旅する人びと」のグローバルな流動を通して、展示と消費のための世界の舞台になっている。各々のバナールなナショナリズムは、他者によって消費され、比較され、評価され、ブランドに転じていくようになっている。とりわけグローバルな祝賀と消費の際に、バナールなナショナリズムは、新たなグローバル秩序のなかで、ブランド・ナショナリズムへと移行しているといえるかもしれない（Roche 2000）。

実際、さきにみたように、種々の転地やあいまいな位置選定にひどく苦しんでいる少なくとも二〇〇の「国民《くにたみ》」がいると考えられている（R. Cohen 1997: ix–x; Papastergiadis 2000）。ごく少数の「社会」が、どうも独立しているようにみえる国民国家社会として構成されている。大部分の社会は、国民国家どころかネーションでもない。そうした非国民国家社会の最も輝かしい例が「華僑」である。各々の社会はしだいにアトラクタに引き入れられていき、グローバルな複雑性のなかで再ブランド化される。さらに、多くの場所で、人びとはいくつものアイデンティティを育んでいる。なぜなら、もはやひとつの「真のナショナルな自己」など、多くの場合、存在しないからだ。スコットランドに住む人びとの半分以上が、自らをスコットランド人であるとともに英国人でもあると考えている（McCrone 1998: 140）。

マイク・デイヴィスの『魔法のアーバニズム』（Davis 2000b）は、目下、合衆国で生活している三二〇〇万人ほどのラティーノの流動的なディアスポラの並外れた様相を明らかにしている。ラティーノはロサンゼルスで最大のエスニック・グループとなっており、都市のなかの都市を形成し、まもなく、カリフォルニアに住む白人の数を上回ることになるだろう。別の視点からみれば、米国のラティーノは、すでにラテンアメリカのなかで五番目に大きな「ネーション」となっている。合衆国が容赦なくラテン化されるにつれ、「社会全体を変形させる型版《テンプレート》になりうる文化的シンクレティズム」の広範なプロセスがみられるようになっている（Davis 2000b: 15）。このシンクレティズムの多くは、とりわけ、目下ひどく「ノマド」的な国となっているメキシコと合衆国のあいだを動く、「トランスナショナル化されたコミュニティ」から生まれたものである。それは、「まるで二つの場所に同時に位置する量子のようである」（ibid.: 77）。レーヴィットも、いくぶん同じような調子で、合衆国とドミニカ共和国でほとんど同時に生活する人びとによって形成される自己組織的な「トランスナショナルな村」を描いている（Levitt 2001）。広く伸びゆくトランスナショナリズムが、下から生まれているのである。

グローバルな複雑性からなるこのシステムは、このように数々の異なる「秩序の島」から成っている（「秩序の島」の概念については、第5章で詳しく述べた）。そこでは、国民社会と複雑なハイブリッドのディアスポラだけではなく、「超国家的な国家」を含む他のネットワーク化された／流動的な政治形態、世界宗教や「文明」、国際機構、国際会議、ＮＧＯ、国境を越える領域などもみられる（Perkmann 2000; Duffield 2001; Habermas 2001: ch. 4; Walby forthcoming）。

境界づけられた特定の領土としての社会で普通にみられるのは、自己組織的な多様な「政治形態」がその空間を条理し、その空間を多様な形態をとる社会的規制に服属させようとすることである。とりわけ、ドゥルーズとガタリによれば、国民国家はそのような空間内およびそうした空間を越えてみられる多数の移動を規制しようとすることに必然的に関わることになる。国家の基本的な任務のひとつは、それが君臨する空間を条理することである。……あらゆる国家にとって重要な関心事とは、ノマドを征服することだけでなく、移民を管理することであり、またより一般的には、「外部」全体に対して、諸々の権利の地帯を確定することである。それが国家に役立ちうるかぎり、国家は、住民、商品、貨幣、資本などのあらゆる種類のフローを捕捉する過程から自らを引き離したりはしない。……国家は、運動を分解し再構成して変容させたり、あるいは速度を調整したりすることをけっして止めないのである。(Deleuze and Guattari 1986: 59–60)

しかし、グローバルな複雑性によって、国家は、その領土内で相対的に固定的で明確な国内居住人口を統治し、相対的に不変な独自の運命共同体を構成することから離れはじめている(Urry 2000b: ch. 8)。グローバルなネットワークと流動体への移行は、国家が条理しなければならない空間を個々の国家を超えて変容させている。ハーバーマスの主張するところでは、「『グローバル化』は、ありとあらゆる国境の検問所と、ついにはネーション自体の砦を洗い流す、あふれんばかりの川のイメージを思い起こさせる」(Habermas 2001: 67)。国家は、このようにますます、法、経済、社会の調整者ないし猟場番人としてふるまうようになり、その対象は、主に多くの他の実体によるしばしば予測不可能な影響によって、あるいはその影響を通じて生み出される数々の営為と移動になっているといえよう。社会的調整は、新たなコンピュータ・ベースの形態による情報の収集、検索、普及によって必要とされるとともに、それを通じてかろうじて可能となるものである。そのようなデータベースは、ほとんどあらゆる経済的、社会的な制度組織を参照することができる。国際化された情報フローは、広範囲にわたる「監視社会」の創発、すなわち、遍在的《ユビキタス》なコンピュータ利用を嚆矢とする視覚機械の部分集合の創発から始まっている(Power 1994)。

このようにして、グローバルな複雑性にみられるひどく流動的で乱流的な性質の逆説的な結果のひとつとして、「国家の役割は、現実に、領土の生産力を高め、新たな空間布置を生み出すという点で、その重要性を減じているというよりは高まっている」(Swyngedouw 1992: 431)。さらなる帰結として、国家は一様に無力化の方向へと収束するのではなく、タリバンからEU、合衆国まで、はるかに多様なものになってきている(Weiss 1998: ch. 7)。そのかたちをめまぐるしく変えながら境界を横断していく、情報のフロー、旅する人びと、国際テロ、健康・環境上のリスクといったグローバルな流動体などを扱うために、実際に、「第二次世界大戦以来の国民国家の構造、官僚機構、アジェンダ、収益、調整能力の非常に大きな拡大」がずっとみられた(Meyer *et al.* 1997: 157)。カイルは、グローバル化が新たな種類の「国家」を生み出していると主張することによって、こうした情勢を手短に述べている。(Keil 1998)。

いくつかの点で、ヨーロッパ中の国民国家は、しだいに欧州連合(EU)にふさわしいものになっている。EUは、さまざまな移動の促進をめぐって組織されている。つまり、四つの移動の自由――商品、サービス、労働、資本の移動の自由――を育もうとしてきた。また、移動、取引、競争に対する多くの障壁を取り除こうとして、ナショナルな国家政策に介入してきた。EUは「調整国家」とみなすことができる。すなわち、主としてEUは、自由に参加した個々の国民国家の政策と実行をモニタリングし規制することに取り組んでいるのである(Majone 1994, 1996)。EUの条約と指令は、とりわけ強力であり、各国政府はこの条約にしたがって自らの法制を定めなければならず、EUの個々の市民は、中央政府が適当な政策を実行していないと考えられる場合には、直接、欧州司法裁判所に訴えることができる(Walby 1999)。そして、これが重要なことであるが、ヨーロッパ法が国内法と衝突する場合には、ヨーロッパ法が優先され、個々の政府の措置が違法であると宣告されることもありうるのである。

数々の国家のなかには、たとえばEUの場合、実際に、グローバルなネットワークと流動体の発達と強化の「助産婦」とでも呼んでいいようなものとして機能し、ネットワークや流動体にさらされるだけのものではない。そして、国家は、広域的ないし国際的なレベルで働く国のネットワークの触媒としてますますふるまうようになり、それゆえ、予測不可能なグローバルな複雑性からなる、より動的《ダイナミック》なシステムにおけるエージェンシーの一種として機能するようになっている(Hirst and Thompson 1996: ch. 8)。カステルはより一般的な視点から、ますますネットワーク化の度を強める国家の性格について語っている(Castells 1996, 1997)。数々の国際会議やイベントが開かれ、個々の国家を巻き込み、国際協定の形成、交渉、締結がなされ、その結果、グローバルなものの拡大が図られ、パフォームされるというさらなる事態がみられる(たとえば気候変動に関する一九九七年の京都議定書)。「ネットワーク化された戦争」、そして、事実上「ネットワーク化されたテロリスト」と呼んでいいようなものの展開がみられた(Duffield 2001)。

さらには、高度のメディア化もみられ、そこでは、個々の国家の調整の失敗が明るみにされ可視化され、個人や組織がスキャンダルの続発やスキャンダルの脅威によって貶められるようになっている。国家は実際に、「メディア・スキャンダル」、すなわち、興味深いことに、権力の複雑性の実質的な再構築を見事に暴くスキャンダルにさらされることもある。

権力と複雑性

社会科学における権力についての考えの多くは、有力と思われる主体と無力にみえる主体《エージェント》のあいだの相互関係に焦点を当てたものであった。二人以上の人間主体を観察し、どのような方法で、どの程度、各人の動作が他方の動作の影響を受けているのかをみることで、権力は主体の属性として概念化される。一人の主体が他の主体に対して、彼または彼女が別の方法では行なわないようなことをさせることができるならば、それは権力の行使であると考えられる。スティーブン・ルークスの『権力——ラディカルな視座』(Lukes 1973)は、こうした間主体的な権力概念に対して、「実質利益」にもとづく三次元的な視座を提唱することで納得のいく批判を行なった。ルークスは、一人の主体の意志に対する他方の主体の意志による公然たるねじ曲げや、さらには隠然たるねじ曲げがみられない場合に、権力が最も効果的に行使されることを明らかにしている。人びとの実質利益が確保されていれば権力は行使されるのであり、それは、公然ないし隠然たる主体間の競争、闘争がなければ最もすぐれたかたちで実現される。権力はこうして、間主体的なものではなく構造的なものとして理解される。しかしながら、ルークスは、マルクス主義の語彙を用いて、表層的な利益、目に見える利益、すなわち「虚偽意識」と対置するかたちで「実質」利益を同定したために、この議論は半ば葬り去られてしまったのである。しかし、ルークスの説明において注目に値するのは、主体志向の立場を批判し、「権力」分析に対立するものとして

「支配」分析を支持した点にある（A. Stewart 2001）。

しかし、多くの社会科学においてはなお、主体の特性と考えられている権力が社会関係分析にとって主要な位置を占めている。結局のところ、多くの場合、権力には、思い通りに物事を動かすことのできる人間主体がみられ、そして、そうした主体が何らかのかたちで共にいる他者に対して、彼／彼女がどちらかといえばしないことを強制させ、その他者の意志をねじ曲げることができると考えられている。権力は、エージェンシー－構造の二項対立において、エージェンシーに結びつけられている。

とはいえ、本書で記されてきた数々の展開によって、エージェンシーと構造の区別そのものは覆される。複雑性は、自由意志論と決定論の区分を乗り越え、そしてエージェンシーと構造の区分を乗り越える。したがって、権力をエージェンシーとして位置づける特有の方法も乗り越えられる。では、権力に対する複雑性アプローチはどのように構成されるのだろうか。

権力は、けっして事物や所有物とはみなされない。権力は、流れたり走ったりするものであって、しだいに特定の領土や空間から分離するようになっていると考えられる。権力は連続していない。バウマンは、「ポスト・パノプティコン」的な権力概念の概略を示し、その妥当性を明らかにしている（Bauman 2000: 10–14）。ある主体が、もう一人を呼び寄せ、その人間に対してどちらかといえばしなかったことを対人的な脅威、実力、説得を通してさせるといった具合に、権力は必ずしも実際的な共在を通して行使されるわけではない。しかしまた、権力は、必ずしも、無力なものが有力なものに対して現実的ないし潜在的に可視化するような、文字どおりの、あるいはシミュレートされたパノプティコンにおける想像の共在をともなうものでもない。

それどころか、バウマンは権力の主要な技術はいまや「逃避、流出、省略、回避」の技術となっており、「相互関与の時代の終焉」を示しているという（Bauman 2000: 11）。近代社会では、シティズンシップと居住との混成、つまり、シティズンシップと、特定の領土をベースとした社会の範域内での共存との混成がみられた。しかし、バウマンによれば、いまや、新たなグローバルなエリートが、「管理、運営、福利の問題といったやっかいな仕事を背負い込むことなく」支配することができるようになっており、そこでは、使い捨て可能な奴隷の無契約での所有の拡大がみられる（ibid.: 13.「使い捨て可能な人びと」に関しては、Bales 1999 を参照）。身軽に旅することが、権力の新たな強みである。権力は、速度、軽さ、遠隔、無重量、グローバル性が大事であり、このことは、エリートにも、そしてエリートに抵抗する人びと（たとえば反グローバル化の抗議者やテロリスト）にとっても当てはまる。権力はさまざまなグローバルなネットワークと流動体の内部を走り、さらにはこれらを飛び越えていく。権力はハイブリッド化しており、単に社会的であるだけでなく、物質的でもある。

　とりわけ、シティズンシップと社会秩序は、つねに、市民と国家のあいだの相互可視性からなる諸関係に根ざしてきた。中世、初期近代社会では、従者に対する君主の劇場的、共存的な可視性が、社会の象徴秩序と権力関係の維持の中心をなしていた。さらに、王国をめぐる王や女王の儀式的な行列ないし「巡幸《プログレス》」は、その幅広い臣民が権力を直接目にする共同体として構成するのに役立った。市民と国家のあいだの上述の可視性の摂理《エコノミー》は、とりわけ一八世紀からの近代社会の出現とともに変質することになった（Thompson 1995: ch. 4; Szerszynski and Urry 2001）。市民は、いまや単なる見張り人でなく、国家の監視とモニタリングの対象となっている。すなわち、「視覚の再帰性」の全般的な増大がみられるのである。さらに、公権力はますます、外に開かれていて、透明性の高い行動形式をとるよう求められるようになっている。そして、新たなかたちの「印象操作」が、メディアの可視性の増大がきっかけとなって生まれている。こうして、「メディア・スキャンダル」がより重要なものになっている（Foucault 1977; Meyrowitz 1985）。

二一世紀の市民は、情報メディア権力、すなわちそのメカニズムにおいても結果においても複雑である権力形態にさらされている。一方で、情報メディア権力の途方もなく新たな形態が、視覚機械、何万もの衛星、隠しマイク、盗聴器、マイクロスコープ・カメラ、監視カメラ、インターネット、情報共有の手段、ＧＩＳ／ＧＰＳなどの発達とともに生まれている。そして、他方で、日常生活の移動には、速さと軽さ、遠隔性がともない、また、たとえば、学生から旅行者、さらにはテロリストへ、そしてまた学生へと姿を変えることによって、社会で最も検査の厳しい場所を通過しても気づかれずに移動する能力がみられるようになっている。

情報メディア権力は、動的《モバイル》で、パフォームされるものであり、境界をもたない。これは、権力の強さでもあり弱さでもある。最も強力なものによって試みられた秩序形成でさえ、平衡から離れたシステムへと導く一連の複雑な意図せざる結果をもたらすことがある。そうした予測不可能で不可逆的な変化のなかで、権力、そして、とりわけメディア権力は砂のようになっている。権力はある定位置に確固としてとどまり、境界づけられた明確なかたちをとって、はっきりとした空間トポロジーとともに、いわば、検挙されるか爆撃されるのを待っているのかもしれないし、あるいは砂流となって、崩れ去り、その流れとともに非常に多くのものを押し流すことにもなるのかもしれない。

次節では、権力のこの予測不能性、すなわち、つぎつぎとかたちを変える力、どこにもおらずどこにもいる力を、現代のスキャンダル現象の諸相を検討することを通して、具体的にみていきたい。

スキャンダルの複雑性

二〇世紀末における、地球をあまねく行きわたる「メディア権力」の創発は、メディア化されたまったく新たなかたちのスキャンダルを生み出すことになった。権力の複雑なスキャンダルとスキャンダルの権力は、ジョン・トンプソンの『政治スキャンダル——メディア時代における権力と可視性』(Thompson 2000) を通して検討することができる。

グローバルなメディアは、しばしば即時的かつ同時的に、ローカルなコンテクストから出来事を離床させ、全地球へと移動させている。他方で階級にもとづく確固たる政治形態の崩壊によって、大部分の国と地域における諸々のつながりは、その組織性を弱め、その流動性、移動性を(波動のように)高めることになり、そしてそれゆえに、メディア上のスキャンダル・イベントはいっそう速く創発し、所与の社会の境界に入り込み、通過し、超えていくことができるようになっている。

以下の四つのプロセスが互いに組み合わさって、現代のスキャンダルに関する「複雑な」結果を生み出している。この四つのプロセスとは、規範上の罪、信頼の重要性と脆弱さ、事実の暴露、そして、即時的かつ同時的に出来事を可視化する能力である。

第一に、所与の社会ないし社会類型を特徴づける特定の「期待される行動」の規範に対する著しい逸脱がみられる場合に、グローバル・メディア上のスキャンダルが発生する。トンプソンによれば、これらの逸脱は、通常、性的な行動、金銭上の問題、権力の利用／濫用などと関連がある。公的な人物と機関に関して両面的、相反的でしばしば非常に厳しい規範があるとすれば、当然「スキャンダラス」な逸脱は定期的に生じる（ほとんどの市民は百も承知だ！）。とりわけ公的な人物と機関のほうが、通常、メディア化した「世間《パブリック》」の目に入らない人よりも厳しい行動規範が突きつけられているために、数多くの潜在的なスキャンダルが存在する。しかし、世間の目はつぎつぎと新たな「話の種」を視覚メディアへと誘い込み、その対象者たちは、逸脱、発覚、告白のサイクルに服することになる（まさにビッグ・ブラザーのナルシシズムとでも呼んでいいような事態である）。

第二に、企業や国家において公的な地位にある者の権力は、「信頼の政治」にもとづいている。そうした特定の地位にある者への信頼は、特殊な技能よりも当人が有するとされる品格にもとづくものである。時として、一種の「グローバルな信頼」が生まれているようにみえる（たとえば、合衆国の大統領、国連の事務総長、ネルソン・マンデラ、特定の国家、特定のグローバル企業などが折にふれてこうした信頼を手にしている）。しかし、そのような信頼は絶えず獲得されるかパフォームされなければならず、したがって、この信頼は瞬く間に消えてなくなることもある。とりわけ、信頼と品格が地位にある者ないし組織の正統性の樹立と維持の核をなしている場合に、失われるものは大きくなる。そして、信頼が強ければ強いほど、その人物は注目を集めるようになり、そして、（他の条件が同じであれば）続いて起こるスキャンダルもまた大きなものとなる。信頼は、非常に強力であるが、信じられないほど壊れやすい資源である。信頼は、絶えずパフォームされなければならない。その獲得を止めるならば、即座に消えてなくなってしまう。この点は個人も同様で、その品格ないし名声はスキャンダルの対象となって攻撃にさらされることになる。信頼は一夜にして消え去ることもある。スキャンダルにさらされた人びとがしばしば口にするように、そうした人びとは自らの「名」声を築き上げるのに何年もかかったのに対して、スキャンダルが当人とその不運な友人と家族を「襲う」と、「その世界は、一夜にして崩れ去った」。

第三に、暴露の権力が存在する。これによって、私的な違犯行為を公衆に対して透明なものとすること、つまり公然のものとすることになる（Meyerowitz 1985; Balkin 1999）。広範囲にわたるグローバルなメディアは、有力者がたいてい「私的《プライベート》」なこととして維持しようとするものを透明にする技術をますます備えるようになっている。こうしたメディアは、「私的《プライベート》」とされる生活においてみられる人びとの観察、監視、モニタリングのテクノロジーを利用している。この種のテクノロジーは、もともとは国家のシークレットサービス内で開発されたものであり、たとえば、盗み聞き、電話の盗聴、隠しカメラ、盗聴器、望遠レンズ、コンピュータのハッキング、ストーキングなどがある（ウォーターゲートでニクソンの失脚をもたらしたのは、いうまでもなく、ニクソン自身のテープであった）。しかし、暴露の権力は、舞台裏ないし「私的《プライベート》」といわれるものを、表舞台ないし「公的《パブリック》」なものとすることにある。そして、デジタル化の進展とともに、永久に「しまい込んでおく」ことができ、ずっと私的で不透明なままにしておける私的な映像《イメージ》はあるにしても、ごくわずかなものである。ホスキンズは、ルウィンスキーとクリントンの抱擁の「隠し撮った」メディア映像の権力を分析しているが、スキャンダルが明らかになるや、この映像は果てしなく再生され続けることになった（Hoskins 2001: 218）。

第四に、可視性ないし透明性のアトラクタが存在する。メディア化によって、権力の可視化が進む。世界中の人びとと組織は、可視性とその人を引きつける力の及ぶ範囲へと引き入れられ、ものの一五分のうちに知れわたる。そして、身体はとりわけメディア化した視界を通じて可視的なものにされ、そうした身体は世界に対して近《した》しく「クローズアップ」して語るが、それでいて同時に膨大な数の人びとに語ることになる。このことから、これまでとはまったく異なった種類のパフォーマティブな生権力、すなわち身体化された権力が生み出され、そして、世界のメディア上で可視化され曝される人物を通して「公共的な親密性」が生み出される。しかし、この尋常ならぬ生権力は、異常に脆弱である――権力を有する「人物《フィギュア》」が、突然、一夜にして、傷もの、丸ごとスキャンダラスなものであるとみなされる（見透かされる）ことがあるように、暴露に対して異常に脆弱であるのだ。メディアを見ているすべての人は、違犯者に対する公的な制裁、透明化、そして場合によっては、違犯者による公の告白の目撃者となることができる。ギトリンは、このことを『全世界が見ている』（Gitlin 1980）と述べた。人目にさらされた個人、企業、国家は覆いがはずされ、そのスキャンダル性が可視化され、その生権力は世界のまなざしを前にして消えてなくなってしまう。

さらに、互いに重なり合ったデジタル・メディアの競争的な性質が、透明性のアトラクタを強化している。競争によって、「罪人」の姿が明らかにされ、何度もリプレイされ、その人物のグローバルな恥は世界を前にして可視化され、世界中で果てしなく繰り返される。このことは、クリントン元大統領と彼の非常に大きいながら脆弱な生権力へのこだわりに典型的にみられた。

スキャンダルが必要とするのは、ほんの小さな原因（人目を忍んだ抱擁、小さな嘘、けちな支払い、手書きのメモ）であるといえるかもしれない。こうした小さな原因は、非常に限られた状況のなかで、関係する人びとに対して、離れたところで、そして、スキャンダル化する出来事の螺旋の渦に引き込まれる他の多くの人びとに対して、破局的な結果を生む可能性を有している。出来事は一般的に予測不可能であり、スキャンダルの軌道をコントロールできる者はいない（Thompson 2000: 75）。イメージがさまざまなメディアのなかをフローし、メディアを急ぎ足に飛び越えていくために、予測不可能でコントロール不能の意図せざる可視性が生まれている。各メディアがグローバルな話題を競い争うなかで、バーキンが「カスケード効果」と名づけているものが生み出される（Balkin 1999: 402）。報道の良心についてそれぞれに異なる基準をもつさまざまなジャーナリストが、さらなるスキャンダルを明らかにするために互いに競い合っているのである。そうしたカスケードが生み出される際にとりわけ決定的なのが、既存の生権力の関係を崩壊させるなり、嘲笑するなり、反転させるなりする視覚イメージである。そのようなイメージは地球のすみずみまで果てしなく売られ続けるようになる。有力者の外面上の権力が覆され、辱められ、背かれるにつれて、メディアによって生活する人びとは、そのようなメディア化したカスケードを通じて惨澹《さんたん》たる死に方をする可能性も出てくる。

スキャンダルには、このように、予測不可能かつ不可逆の出来事の複雑な組み合わせがみられる。ひとたび暴露されるや、暴露、視覚化、再循環のプロセスの有する移動性と速度のために、スキャンダルは勝手放題に走り出す。不可逆の出来事は、とりわけその関係者が出来事を管理し、その跡を消し、それに煩わせられなくなるようにしようとする場合に、平衡から離れていく。強力な正のフィードバック・メカニズムが存在するところでは、品格と信頼はほとんど一夜にして消えてなくなり、恥は大々的に広められていく。複雑性のモードでは、暴露を最小にしようとするたいていの試みは、結果としてスキャンダルの拡大をもたらすことになり、そこでは、とりわけ「隠蔽」というさらなるスキャンダルが生じることになる。進展中の出来事を沈静化させようとする試みは、多種多様なさらなる不可逆的な結果をともなう複雑な誇大や拡大を生み出すのである。

実際に、メディアがいったん「舞台裏」をのぞき込むと、それに続いて、スキャンダラスな人物の暴露と可視化がエスカレートしていく。バーキンは、出所がありながらも、その慌ただしい行程のなかでほとんど立ち止まることのない「躁狂」をあおるメディアの「自己増幅する焦点」に触れている（Balkin 1999: 402）。スキャンダルには、その渦に巻き込まれる人びとを「かっさらう」可能性のある、あらゆるものを消費するある種のフローがみられることもある。トンプソンが論じるように、「その経験が抗しがたくみえるのは、出来事が勝手気ままにすばやく回転し」、平衡に向かうあらゆる動きから離れるためである（Thompson 2000: 85）。

「金融」と「権力の濫用」にまつわるスキャンダルは、多くの場合、世界のメディアを介してグローバルな追究がなされる際に発生するという点で、とりわけ興味深い。なかでも重要なのが、企業や国のブランドを展示し世界に見せる大規模な市民集会《パブリック・ミーティング》である（Stevenson 1997: 46; Klein 2000）。一九九〇年代のたった一週間で、リオ・ティント、シェル、プレミア・オイル、ネッスル、ＩＣＩのすべてが年次総会を開催し、そこでは抗議者のグループが、世界のメディアを集め、これらの企業が犯罪行為に手を染めていることを暴露し貶めた。

意義深いことに、こうした企業の規範に反する違犯行為は、たいていは、年次総会が実際に開催された場所から遠く離れた国で、予測不可能なかたちで起こったものである。しかし、もちろん、すぐさま通信装置は準備されるので、多くの場合、「どこにも隠れ場所はない」。問題のブランドは、自らが世界の舞台に登っているまさにそのときに、暴露と恥辱で脅されるようになる。ブランドの権力は、瞬く間に消え去る可能性を有しているのだ。ナイキの例、つまり作業労働者に「奴隷賃金」が支払われていたことでナイキ・ブランドの地位が脅されたことが示しているように、「公的な制裁と消費者の圧力は、強大なメーカーに対して絶大な影響を及ぼすことができる」(Dionne 1998: 11; Klein 2000 も参照)。

このようにリキッドなメディア権力は、グローバル時代における権力関係を変える重要な要素となっている。こうした象徴権力は、世界のメディアと情報のチャンネルを通して国境を横断している。そして、フローしていくなかで、象徴権力は、パフォームされるとともに土台が掘り崩されていくことにもなる(Thompson 2000: 246–8)。地位にある者の名声(クリントン)、国家の「ブランド」(合衆国、ならびに、京都/ボン議定書への調印の拒否)、企業「ブランド」(ナイキ)、これらすべてが、非常に強大でありながら、も非常に脆弱な象徴資本を構成している。品格、ブランド、名前のパフォーマティビティを通して権力を行使するようになるにつれ、そうした象徴資本は暴露と恥のために脅され、破壊されることにもなる。スキャンダルは世界中に即座に送られ、権力は脅かされる。そうした権力によって生を保つ地位にある者、企業、国家は、複雑で、不可逆的で、流動的で、平衡から遠く離れた諸プロセスを通して、その権力のために名残惜しげの、あけすけな、否応なしの死を遂げることもある。秩序を生み出そうとする試みは、勝手気ままに回転し、スキャンダルの渦中に巻き込まれるほとんどのものを破壊する。そうしたスキャンダルの渦によって、有力者、その取り巻き連中、その他諸々を引きずり下ろすることになるのである。

実際に、特定のスキャンダルの発生によって、高度にメディア化した資本主義社会、とりわけ合衆国の内部で、より一般的な「スキャンダル文化」が生み出されている。バーキンは、この不可逆的に発展する文化を「突然変異型ウイルス」のようなものであると述べている（Balkin 1999: 406）。つまり、スキャンダル文化は、もっと大きく成長し、もっと速く広がるために絶えずその特徴を変えているというのである。スキャンダルは、新たな種類のテレビ番組、新たな様式の報道、新たなウェブサイト、新たな様相のメディア間競争を生み出している。これらが、正のフィードバックを介した意図せざる創発効果をもたらしている。つまり、「草原のそれほどありがたくもない雑草のように、スキャンダル文化は、徐々に他の言説を押しのけ、世間の注目、公の議論、世論のますます多くの部分を費消してしまう恐れがある」（Balkin 1999: 207）。つまり、有力者の多くの罪を明らかにする民主主義的な試みとして始まった営みが、ひどく辛辣なスキャンダル文化を発露することも助長させることもないメディア報道のほとんどの形式を締め出しかねない文化を、予測不可能なかたちで生み出すようになっている。

おわりに

本章では、社会秩序は偶有的なものであり自明のものではないとする種々の動的《モバイル》な諸過程について検討してきた。社会は、ますますグローバルな複雑性からなるさまざまなシステム内の構成要素となってきていることが示された。スキャンダルに関する議論によって、情報メディア権力の諸形式が動的《モバイル》でパフォームされるものであって、境界づけられたものではないことが明らかとなった。このことが、権力の強さと同時に権力のもろさをもたらしている。秩序形成の試みは、社会のなかで最も強力な勢力によるものであっても、結果として、当のシステムを平衡からさらに離れたものとする複雑な意図せざる結果をもたらすことにもなる。

こうした予測不可能で不可逆の変容のなかで、権力、とりわけメディア権力は、さきにみたように、砂のようなものとなっている。それは、はっきりとした境界を有するかたちをもってある場所に確固として位置しているか、さもなくば、砂流に変わり、その流れとともに他の多くのものを運び去る。バウマンが「リキッド・モダニティ」と呼ぶものは、予測不可能で不可逆的な意図せざる運動でいっぱいになっており、このなかに、社会生活を平衡点からさらに離れたものとする、より近年のスキャンダル文化の創発も位置づけられる。

次章では、社会学と社会学固有の社会的世界の理論に対してグローバルな複雑性が有する含意についてふたたび目を向けることにしよう。そして、同時にカオスの縁にあるようにみえる奇妙に秩序化された世界に対して、機械、帝国、コスモポリタンが有する含意を探っていきたい。

第7章　グローバルな複雑性

複雑性と社会理論

よく知られているように、オーギュスト・コントは社会学を「社会物理学」と称した。この提唱が一九世紀において有用なものであったのかどうかはさておき、本書では、二一世紀の劈頭において、複雑性物理学が現代社会学／社会科学にとって適切であるかどうかを考えるべきであることを論じてきた。この点については、これまで十分に論じられてきたとはいえない。複雑性が社会科学にとって妥当であると主張する大半の論は、限られた社会圏域においてきわめて特殊適合的な説明を与えるにとどまっている（都市形成のパタンについては、Byrne 1998; ストライキに関しては、Biggs 1998; 社会政策に関しては、Medd 2000 を参照）。

また、この潜在的な妥当性をめぐる主だった批判、すなわち、社会現象は「複雑性理論で扱うには複雑すぎる」（Stewart 2001: 353）とするポール・スチュワートによる最近の主張は、複雑性のポテンシャルを考慮したものではない。スチュワートは、複雑性理論がすでに完成した社会理論になっているのかどうかを考えているのである。しかし、これは完全に間違った問いであるといわざるをえない。なぜなら、複雑性理論がすでにそうした理論としてできあがっているなどとは誰も思っていないからだ。複雑性理論を展開しているフリッチョフ・カプラは『隠れたつながり』(Capra 2002)のなかで社会的なものの分析を進めているが、その論は、いわば複雑性から「離陸」することはあっても社会生活を動的《ダイナミック》なシステムに還元するものではない。

さらに、物理科学のモデルは直接、社会科学に移植されるべきものではない。というのも、われわれは今日、モデルとそれが表わすとされる現象とのあいだに複雑に入り組んだ関係があることをよく知っているからだ。異なる調査領域で発展した現象モデル間で厳密なアナロジーを引き出すことから、思いもよらない「カオス的な」帰結が生まれることもある。しかしながら、あらゆる科学は必ずメタファー的な性格を有すると仮定して、本書では、複雑性が多種多様な「ポスト社会組成的」物質世界の社会分析に対して生産的なメタファーをもたらしうるのかどうかを検討してきた。ここでは複雑性理論を展開するブライアン・アーサーの見解にしたがっている。それによると、複雑性について論じる者たちは「メタファーを展開しはじめており」、サンタフェ研究所は「この新たな科学のためのメタファー、つまり、運がよければ、この種の科学が向こう五〇年にわたって進む道筋を導くものとなるメタファーを打ちたてようとしている」(Arthur 1994b: 680)。このように、複雑性は、数多くの異なるシステムの内部、さらにはそうしたシステムにまたがってみられるパタン同一性を確立しようとするものである。そしてこの場合、システムは、「物理」システムと呼ばれるものであろうと、「人間」システムと呼ばれるものであろうとどうでもよい。

本書では、経済、社会、政治、文化、環境における諸関係で、「グローバル化」とみなされるものに関係がある諸々の物質世界を検討する際に適したメタファーに、とくに注目してきた。この一〇年のあいだ、グローバルなものをめぐる社会科学は、そうした諸々の関係の多くについて実に幅広く描き出してきた。しかしながら、多くの社会科学は、社会組成的ないしナショナルなものを超えるグローバル・システムに関する複雑な分析を展開してはいない。つまり、グローバルなものを所与のものとして扱い、多くの者が「グローバル化」と呼ぶこの全能の存在によって、さまざまな場所、地域、国民国家、環境、文化が、線形的なかたちでどのような道をたどってどのように変容するのかを示そうとする傾向をみせてきた。こうして、グローバル化（ときにグローバル資本主義）は新たな「構造」としてみられ、場所や地域といったものは新たな「主体《エージェント》」と目されるようになったのである。

とはいえ、ギデンズの「構造の二重性」論を部分的に引き合いに出しながら示してきたように、構造／エージェンシーの分離図式にはいくつかの限界がある（Giddens 1984）。構造化論的定式化は線形的な思考を断ち切っている。なぜなら、システムの規則と資源が、可知的な行為者によって引き出されるものであるとともに、システムの規則と資源を再生産する動きを介してフィードバックするものとされているからだ。ギデンズの所論では、可変的特性を有する固定し分離した実体はどこにも存在せず、連環性《リレイショナリティ》についての理解がある程度みられる。さらに、構造化論の主張は、部分的に非線形的な説明を前提にしている。というのも、機能的に統合された「システム」において、「原因」と「結果」が実質的に共存する負のフィードバックの循環メカニズムが存在しているからだ。

しかし、本書は複雑性を用いることで、社会理論における種々の立場を超えて進んでいく。本書では、いかなる「構造」も「エージェンシー」もなく、「マクロ」レベルも「ミクロ」レベルもないこと、さらに「社会」も「個人」もなく、「システム世界」も「生活世界」もないことを示そうとしてきた。というのも、それぞれの観念は他のものとは異なる画然たる本質を有すること、つまり、他のものとは相互排他的な並列関係にあることが仮定されているからだ。構造化論的アプローチと機能主義的アプローチはまた、できあがっている社会秩序の再生産およびその秩序に向かって余儀なく進む社会過程という、割合に単純な定式化を行なっているゆえに批判されてきた。

本書の全体を貫く立場は、意味深長な「連環性《リレイショナリティ》」にもとづくものである。この立場はアクター・ネットワーク理論（Law and Mol 2000）、種々のポスト構造主義的定式（Dillon 2000）の中核を占めるものでもあり、線形的リアリティの一般化に対する批判（Abbott 2001）の核心に位置するものでもある。ディロンは次のように主張している。「そういうわけで、ある関係に与るものは、単一的、全一的な存在ではない。それよりは、各々の存在は、関連づけられ方の特徴およびその連関力に応じて絶えず変化するものなのである」（Dillon 2000: 12. Emirbayer 1997も参照）。連環性は、ネットワーク型もしくは循環型の、広範な結びつきを通してもたらされるものであり、そこでの結びつきは、互いに重なり合って徐々に束なっていくさまざまな物質世界に関係している。こうした物質世界について検討するなかで、本書ではクラークが「社会的なものの研究と自然的なものの研究とのあいだにみられる、エネルギー、物質、生命の大きな流れに対する人体の寛大さに通じる多孔性」（Clark 2000: 31）と述べているものに、とくに言及してきた。

ミクロからマクロへ、生活世界からシステム世界へと延びていくような線形的なスケールのメタファーは、その当初から社会理論を悩ませてきたが、これをつながりのメタファーに置き換えるべきときにきている。ここでいうつながりは、程度の差はあれ、止めどなく、動的《モバイル》であり、社会的であり、「隔たりのある」ものとみなくてはならない（Dicken *et al.* 2001: 1012-4を参照。システム／生活世界に関しては、Sayer 2000を参照）。ラトゥールが主張するように、社会的なものは「エージェンシーや構造からなる特性などではなく、循環する存在からなる奇怪千万の特性を有している」（Latour 1999: 17）。「速度、速力、波動、間断なきフロー、パルシング、流動性ないし粘性、リズム、調和、不協和、乱流」という点からみれば、マクロでもミクロでもない、それぞれのあいだを循環する数多くの軌道ないし運動がある（Dillon 2000: 12）。したがって、社会の上部や下部があるのではなく、いくつもの多様な隔たりを有するパフォーマンスを通して連環性をもたらす数々のつながりや循環があるのだ。ラトゥールの主張するところでは、「マクロな構造からミクロな相互作用へと動くズームはない……〔というのは〕ミクロもマクロも、循環する存在をつなぎとめることによるローカルな結果である〔からだ〕」（Latour 1999: 19）。

　したがって、本書では、社会科学でなされている常套的な区分を乗り越える、グローバルな複雑性を有したシステミックで非線形的な結びつきに関心を寄せる。つまり、諸々の「動的なつながり《モバイル・コネクション》」を検討することに関心を向けるのだ。複雑性による定式化のなかには、グローバルな秩序化の非平衡状態に関する分析を深めるために行なわれてきたものもある。この「複雑な」連環性にはさまざまな特徴がある。

　まず、実に数多くの要素が、ここでのシステムを予測不可能でいかなる最終的な「秩序」も欠落したものにしている。個々の要素は、物理的に相互作用し、さらに、脱物質化を進める種々の変容により、いくつもの時空を超えて情報的に相互作用している。個々の要素は、ある種の重力効果を発揮するさまざまな「アトラクタ」、とりわけ本書でグローカル化のアトラクタと名づけたものに不可逆的に引き寄せられている。相互作用は複雑で幾多にも及び、非線形的になされ、いくつもの負のフィードバック・ループと、より重要な正のフィードバック・ループとをともない、そこでは、収穫逓増と経路依存の不可避的なパタンがみられる。こうしたシステムは、その環境と散逸的に相互作用する。散逸系内の諸要素は平衡から遠く離れた状態下で作用する。それはひとつには、それぞれの要素が「ローカルな」情報資源にのみ反応するからだ。しかしある一地点の要素であっても、いくつものつながりと軌道を通して他の場所でも非常に強い時空効果を及ぼす。「原因」と「結果」の著しい不均整がみられることもある。こうしたシステムは、不可逆的に進化する歴史を有しており、したがってそこでは、過去の出来事が「忘れられる」ことはけっしてない。システムは、いずれその分岐を迎える分岐点に達することにもなる。そして、このようなシステムのなかで、さまざまな科学がそれ自体有力な要素となって、システミックな展開、とりわけ諸々のグローバル・システムの性格と展開に予測不可能で不可逆的な影響を及ぼす。グローバル・システムは、生活世界の植民地化、エージェンシーの高揚、リスクの増大を単線的に進めることを必然的にともなうものとみてはならない。

それにしても、以上のことはかなり広範にわたる雑多な主張を含んでいる。本書では、複雑性社会科学のさらなる展開に対して、グローバルな秩序化過程に組み込まれた物質世界の分析をもってどうにか寄与しようとしてきた。これに続く者たちがいるとして、そこで取り組まれることになるであろうトピックは、第一に、「社会生活」に適した複雑性の方法論、データ類、シミュレーション技術の強化・向上になるだろう。さらに、さまざまな種類のネットワーク、とりわけさきにグローバルな統合ネットワークとグローバルな流動体と名づけたものの境界、限界、帰趨を明らかにするきちんとした方法論の展開が望まれよう。きわめて野心的な言い方をすると、複雑性の思考が、地球をあまねく巡り回る多様な物質世界に適した、徹底したポスト専門分野性の基礎として認められることが望まれよう（http://www.math. upatras.gr/~mboudour/を参照）。そこでのポスト専門分野性は、物理科学／社会科学の区分を乗り越えるシステミックな分析をあわせ持つものとなるだろう。

諸機械

本書でことのほか強調してきたのは、現代のグローバルな諸関係に見受けられる「リキッド」な性格の高まりである。そのなかには、情報の脱物質化、カネ、リスク、ツーリズム、テロリズム、情報などのネットワーク化された流動的な結びつきの予測不可能性と加速性が含まれる。実際、グローバルなものを検討するうえで鍵となるのが、多種多様なグローバルなネットワークとグローバルな流動体であるが、お互いに複雑で、矛盾し、不可逆な関係にある。本書では、これらのいくつかの特質について考察を深めてきたが、それは、プリゴジンにならって、増大する無秩序における「秩序の島」と本書で名づけたものを構成している。このことの重要性は、富の増大や均質化の進展、民主主義の拡大、暴力の高まりといったグローバルなものの線形的説明が間違っていることを示している。そうしたプロセスはすべて見ることができるが、しかし、それぞれのプロセスは深く相互依存しあっており、「他方」が発展する条件を生み出している。

なぜ、そうなんだろう。なぜ、グローバル世界の「リキッド」な性格の高まりは、連環性がまったく問題を含まないことを意味しないのであろうか。なぜ、バウマン（Bauman 2000）が現代社会の特徴としている「リキッド・モダニティ」は、システムの「失敗」に対して動的《モバイル》な解決をもたらさないのであろうか。その答えは、ローカルなものとグローバルなものをつないでいる移動はつねに、いくつもの固定装置に拠っていることにある。ルフェーヴル（Lefebvre 1991）が一貫して示しているように、脱領土化は再領土化を前提にしている（Brenner 1999b: 435–6; 1999a も参照）。そうしたシステムの複雑な性格は、リキッド・モダニティの流動性の具現を可能にしているいくつもの時空の回避／固定、係留から生じる。たとえば、携帯電話、自動車、航空機、鉄道、コンピュータの接続といった「移動機械」はすべて、種々の時空不動物が幾重にも織り重なっていることを前提としている（Graham and Marvin 2001 を参照）。

移動と不動の連環性は、典型的な複雑性の特徴である。広範にわたる不動物のシステムなしに流動性が線形的に増大することはありえない。たとえば、いままでのところ最も強力な移動機械である飛行機は、何万人もの労働者を雇用する航空都市という最大級の広範にわたる不動物を必要としている（こうしたいくつもの「飛行空間」の複雑な性質については、Pascoe 2001 を参照）。最も無力な移動機械である人間の脚は、たいていの場合、そうした不動物をまったく必要としない（おそらくは肘掛け椅子を除いて！）。ここで、本書の議論と関係する種々の不動物についてまとめておこう。

一、機械／そのユーザー／そのメッセージが停止する一時的な場面。たとえば、バス停、ボイスメール・ボックス、入国審査所、鉄道駅、ウェブサイト。機械やその対象、ユーザーは、次なる移動の段階に備えて待つ。

二、短期的な保管の期間。たとえば、ガレージに夜間止めて置かれる自動車、飛行場の飛行機、データベース内の情報、モーテルに泊まる旅行者。そうした一時的な保管のありようには、しばしば複雑な割り振りの作業が影響を及ぼす。

三、長期にわたるインフラの不動性。たとえば、空港、ＣＣＴＶカメラ、鉄道線路、目標塔《パイロン》、衛星。これらは文字どおりの経路依存を通してその時々の移動を組織化する。

四、世代交代による「死んだ」機械の物材の廃棄。たとえば、動かなくなった鉄道貨物車、自動車、地上通信線を「廃棄」物や再利用材料に転換すること。

五、以上の移動に見られる極端な時空的不均等性。これによって、動きに富んだゾーンと動きに乏しいゾーンが生まれる。そして、他のところで移動が生まれるにつれて、動きに乏しいゾーンはそれだけ乏しくなる（Graham and Marvin 2001 を参照）。国家は、あるゾーン内の移動量とゾーンに出入りする移動量を高めようとするうえで、そして、比較的動きのない重なり合うゾーンによる甚大な影響を相殺するうえで、中心的な役割を果たす。

このように、一時的な停止、保管、インフラの不動性、廃棄、動きのないゾーンをともなう時期と場所に分化がみられるのである。いつ、どこで、どのようにしてこれらが物質化するのかは、途方もないシステム的帰結によるものであり、このことが時空の編成に関わっている。こうした時期と場所の相互作用によって、時空を縦横するヒト、情報、モノ、装備による継ぎ目なくみえる移動が促され、また妨げられる。全体的には、こうした係留が移動を可能にしているのである。そして、移動／係留の弁証法が、社会的な複雑性を生み出している。すべての連環性が動的《モバイル》ないし「リキッド」であるならば、いかなる複雑性も存在しないことになるであろう。複雑性は、こうした移動と係留の弁証法から生まれていると考えられる。

さらに、時間の経過とともに、この弁証法の作動は大きく変容してきた。この点をみるには、「機械」の性質の変化について少し考えてみればよい。一九世紀は「産業機械」の世紀であった。産業機械は、主に他の機械や物質的なモノを作り出し、そうした機械やモノを輸送した。それぞれのテクノロジーは相対的に独自に発達したが、ただし発達の鍵となったのは蒸気動力の登場であった。専門家は、多くの場合、ある特定の機械の専門家であり、そうした産業機械に精通《インハビット》していた。

二〇世紀は、「家庭用《ファミリアル》機械」の時代であり「戦争機械」の時代であった。家庭の人びとは、白物家電、自家用車、電話、ラジオ、家庭用テレビ／ビデオ、パソコン、暖房、カメラ／ビデオカメラといった家庭用機械に精通《インハビット》していた。家庭用機械は主に家／ガレージのなかに置かれ、二〇世紀の家庭生活をつくり上げるのに一役買った。たいていの家族は、こうした家庭向け機械のほとんどを操作できた。家庭用機械は、全面的ないし部分的に電気を動力としていた。ただし、おもしろいことに自動車は除かれた。二〇世紀の「戦争機械」は家庭向けのものではなく、大量破壊テクノロジーのほかに、さまざまな副産物をあわせ持っていた。たとえば、ジェット輸送、核エネルギー、科学のための宇宙旅行、そして、仕事や科学のシミュレーション用のバーチャル・リアリティがあげられる。こうした機械は高度に専門分化した施設や基地に置かれ、そこでは一般人の出入りが禁止され、監視システムが強化された。

二一世紀は、いってみれば「棲息機械《インハビテッド》」の世紀となるだろう。棲息機械は、一人の個人や極小の集団に棲みつく機械である。そうした棲息機械はミニチュア化され私有化され可動化されており、デジタルな力にもとづいたものである。この力は実質的に物質的形態から乖離しており、これまでにはなかったレベルでのミニチュア化と移動性をともなっている。棲息機械の多くは携帯が可能であり、「デジタル・ノマド」(Makimoto and Manners 1997)によって持ち歩かれる。棲息機械は、そのスタイル、小型性、明るさのために欲望の対象となっており、身体的なものと密接に織り合わさった物理的形態を示している。その初期のものとしては、ウォークマン、次世代携帯電話、一人用テレビ、ネットワーク・コンピュータ/インターネット、二人乗り小型車《スマート・カー》、バーチャル・リアリティ上の旅行、個人用高性能軽飛行機などがあり、いまもなお数多くのものが生まれている。棲息機械によって、興味を起こさせる保管方法《ストレージ》が新たに形成されるようになっている。すなわち、棲息機械への玄関口《ポータル》は個人によって持ち歩かれ、それらは人間の体に接しているか近くに置かれているかであるが、それでもそのデジタルな力はその広範な連接性に由来するものである。

こうした棲息機械によって、ヒトはより簡単に空間を動いたり、ある場所にとどまることが可能になる。というのも、棲息機械は他の時間や場所で個人的な情報を「自動検索《セルフ・リトリーバル》」する機能を有しているからだ。そうした機械を通して、人びとはグローバルな情報、イメージ、運動のネットワークと流動体に棲みつくのである。したがって「人間」は、こうしたいくつもの棲息と移動の機械のなかで種々のノードとして現われる。そうした機械における保管はデジタル化されており、それゆえ単に「ジャスト・イン・タイム」であるだけでなく、「ジャスト・イン・スペース」でもある。ここでみられるヒトとヒトとの連接性は、第4章で論じた情報と移動の脱物質化へのさらなる移行を示すものである（Wellman 2001を参照）。「旅する人びと」、「インターネット」、「情報」のグローバルな流動体は、徐々に重なり合って束なり、社会生活をウェルマンが「私化されたネットワーキング」と名づけた方向へとさらに動かす不可逆的な変化を生み出す（ibid.）。ここでみられるのが、「物理空間」と「サイバー空間」のさらなる連結である。この種々のグローバルな流動体を通じてみられる収束によって、構造とエージェンシーの区分、グローバルとローカルの区分はさらに乗り越えられていく。

明らかにこれらのグローバルで複雑な移動の進展は、社会学のプロジェクトの中心にそれとなく位置してきた社会という概念にとって大きな意味を有している（Urry 2000b: ch. 1）。本書を閉じるにあたって、近年の二つの議論に目を向けたい。ひとつは「帝国」をめぐるものであり、もうひとつは「コスモポリタン」をめぐるものであるが、いずれの議論も、われわれが向かいつつあるように思われる「ポスト社会」の時代の創発的な性質を理論化しようとするものである。以下、この「ポスト社会」の時代にみられるグローバルな複雑性の意味について検討しよう。

帝国とマルチチュード

『帝国』のなかでマイケル・ハートとアントニオ・ネグリは、「帝国」ないし「帝国主権」という概念が国民国家主権のそれに取って代わると論じている。彼らが「帝国」という言葉を使うとき、それは、全世界で水平的に節合された動的《ダイナミック》でフレキシブルであるシステミックな構造のことを意味している。それはある種の「統治機構なきガバナンス」であり、その秩序全体内のすべてのアクターをいっしょくたに押し流すものである（Hardt and Negri 2000: 13）。帝国は主権であり、「平滑世界」であり、いまや世界を統べる唯一の条理である。この新たなグローバルな主権形態は脱領土化、脱中心化されており、「グローバルな虹」への溶け込みがみられる（ibid.: xiii）。いかなる権力中枢も、いかなる固定された境界、障壁もない。「グローバル化の時代とはユニバーサルな感染の時代だ」（ibid.: 136）。そして、「帝国」はその対立項である、ハートとネグリが「〔移動する〕マルチチュードによるさまざまな抵抗と闘争や欲望」と呼ぶところのものを不可避的に生み出す。マルチチュードは、帝国に対しての「他者」を構成する（ibid.: xvi, 398）。

こうした「帝国」という概念は、グローバル・システムの脱領土化、脱中心化された移動の中心性について論じているという点で、本書の議論に相通じるものがある。しかしながら、帝国内のシステミックな諸関係、とりわけ帝国がいかに平衡から遠く離れた状態で作動するのかについて、ハートとネグリはほとんど明らかにしていない。自己再生産するグローバルな諸関係についてのきわめて非動力学的《ノンダイナミック》な説明がなされているのだ。たとえば、彼らのいうところによれば、帝国は「今日、生産ネットワークのグローバル化を支える中心としてその姿を現わしている」（Hardt and Negri 2000: 20）。ここでの帝国は機能論的に認識されている。

しかしながら、グローバルな諸関係に関する調査研究が示すように、ハートとネグリが「帝国」と呼ぶものはもっと制度的、連合体的に「複雑な」ものとして分析されねばならない（Held *et al.* 1999 にみられるように）。さらに、ネグリらは、そうした「帝国」内において国民国家ないし「社会」に何が起こるのかを説明していない。まるでひとたび国民国家が強力な主権形態でなくなれば、社会がなくなるかのようである。彼らが示そうとする一切のものが帝国なのである。

このように、ハートとネグリによって展開される「帝国」概念は、諸々のグローバルな関係が有する動的《ダイナミック》な特性を十分に把握したものではない。ただ部分的に、「この世界を統治している主権」（Hardt and Negri 2000: xi）として特徴づけることしかできていない。ハートとネグリは「帝国」を脱中心化され脱領土化されたものとして概念化しているが、相互に依存しあった数々の流動的でグローバルなハイブリッドについては考慮していない。しかし、こうしたハイブリッドこそが、「世界秩序がそこにある」（ibid.: 3）とする彼らの主張を作り上げるとともに、その主張を問題あるものとしているのである。

もっと正確に言えば、「帝国」の概念は有用ではあるが、すべてのグローバルな諸関係を特徴づけるものであるとはいえないのではないか。グローバルな複雑性についての本書の分析が示すように、すべての社会がだんだんと「帝国」のようになっているといえる。現代の諸社会は、その中心がますます可視的になっており、建築、景観、ブランドといった権力のイコンをともなう一方で、境界が相対的に弱まり、中心を超えて外部への影響を拡げている。こうした「諸々の帝国」のなかでは、少なくとも福祉社会においてみられるような領土内で共通するシティズンシップの権利を創出する企てよりは、創発的な不平等がみられる。とりわけ、諸々の社会は世界の舞台に立って、おのれの獲得したトロフィーを高く掲げ、最高のスカイライン、宮殿、ギャラリー、スタジアム、インフラなどをめぐって競い合い、スキャンダルやリスクを避けようとしているのである。

社会はグローバルなアトラクタに止めどなく引き込まれ、このことこそが社会を「帝国」として再創出している。米国はそうした社会組成的な帝国のなかで最も強大で支配的な存在となっており、今日、世界の舞台を闊歩している。米国は他に類を見ない数々のセンター（ニューヨーク、ロサンゼルス、ワシントン）、数多くの権力イコン（ペンタゴン、ウォール・ストリート、ハリウッド、アイビー・リーグの大学、テキサスの油井、シリコン・バレー、モマ〔ニューヨーク近代美術館の愛称〕）、境界の多孔性（米国のラテン化など。これについては、Davis 2000b を参照）、経済・社会上の途方もない「帝国」的不平等を有している。このように、単一の「帝国」があるというよりは、グローバルな複雑性が示すように、それぞれの社会がグローカル化のアトラクタに引き込まれて、再創出され、「帝国」の特徴といったものをみせているのである。

そしてそれぞれの社会は帝国として、自らの反対者、他者たる逆心のマルチチュードを生み出している。そして資本主義市場のグローバル化は、複数形の「マルチチュード」が複数形の帝国に抗うために創発するいくつかの括目すべき新たなゾーンを作り出してきた。九月一一日の出来事は、世界の最も貧しい国のひとつから予期せぬかたちで創発したようにみえ、さらには、経済的、社会的、政治的な生活を規定する数々の要素を不可逆に変化させたともいえよう。九月一一日が示しているのは「非対称的《アシンメトリー》な脅威」の複雑性、つまり、「戦争」はフォーマルには不均衡な勢力間でますます戦われるようになるが、そこでは、弱小と思われる勢力が見るからに強大な勢力に対して甚大な損害を与える可能性が生まれるということである。このことは、世俗的な意味で「後の者が先になり、先の者が後になる[27]」ことにほぼ当てはまる。帝国としての社会の権力が強まれば強まるほど、被る可能性のある損害は大きくなるのである。グローバルな複雑性はこのように、帝国権力の諸制度、とりわけ、帝国権力の一点に向かう凝集を象徴する建築、制度、人間に対して、甚大な危害を加える無力な者たちの力のうちにみられる。米国は、「帝国としての社会」の典型例である。そして、ニューヨークのスカイラインこそが、最も視覚的に米国の帝国権力を象徴している。

さらに、大規模な変容が、地球全域にわたる「帝国とマルチチュード」の生産そのものにおいて起きている。このことは、グローカル化のアトラクタの種差的な例とみなすことができる。ホミ・バーバは以下のように簡潔に述べている。「地球は、自らを手にする者に対して縮む。土地を失った者や追われた者、さらに移民や難民にとって、国境(地帯)を越えるほんの数フィートの距離が恐ろしく遠い」(Bhabha 1992: 88)。

実際、グローバル市場のひとつの影響として、日増しに剥奪されていく人びとの「荒廃地帯《ワイルド・ゾーン》」が生み出されている。旧ソ連、サハラ以南アフリカ、バルカン、中米、中央アジアの各地には、不在、欠落、欠乏の場となった地帯が拡がっている。そうした地帯は弱い国家をもち、そのインフラは非常に限定されており、強権的な手段の独占もなく、かろうじて機能している経済はしばしば不法な物材の商品化に依存しており、社会構造は内破し、グローバル秩序へとつながるものは相対的に限られている。

「西側」では、社会空間上の不平等がほとんど不可視のままである。ここにみられるのは、「ばらばらのアーバニズム《スプリンタリング》」であり、北米の「ゲーテッド」シティで遙かかなたに遠ざけられた「他者」が隠れてしまっているという事態である(Graham and Marvin 2001)。ほら、ゲーテッド・コミュニティ、コンドミニアム、ショッピング・センター、テーマパーク、職場、キャンパス、空港、金融街などがあるだろう。西側の都市では、ゲートが安全な地帯と荒廃し危険な地帯とを切り分けている。そうした、乱暴者、貧困者、剥奪された者からなる地帯は、とりわけ米国中の多くの都市でみられる。

しかし、しだいに、こうした安全と荒廃の時空的な境界域は、西側でさえ、あるいは西側ではとくにといえるかもしれないが、奇妙で危険な新たな併存をみせるようになっている。荒廃地帯からのヒト、リスク、物質、イメージなどのフローが、安全地帯のゲートに徐々に忍び込み、それらを飛び越え通り抜けて、地帯を引き離していた不可視性を何の前兆もなくカオス的に抹消している。マネー・ロンダリング、麻薬取引、都市型犯罪、亡命希望、密航、人身売買、都市型テロを介して、荒廃の空間と安全の空間はカオス的に近づき並び合うことになる。

グローバルな複雑性からなる諸システムのなかで、荒廃地帯と安全地帯は、時空の湾曲を介して非常に近いものとなっている。資本主義世界のみならず、「テロリスト世界」でも「時空間の圧縮」がみられる。荒廃地帯はいまや、電話口に呼び出すか、インターネットで接続するか、飛行機でひとっ飛びするかになっている。資本主義市場は「全世界」をいっそう近いものにしているが、このことは、その暴力的な破壊、とりわけグローバル秩序内での「アメリカ人」支配の破壊を心に決めている人びとにとくに、そして逆説的ながら当てはまる。九月一一日は、この新たな空間と時間の湾曲を示しており、そのとき、ほんの数フィートが劇的に乗り越えられ、これ以降、不可視性がなくなった。突如として、荒廃地帯の人びとがその地帯から身を起こし、それまで不可視であった垂直都市を攻撃したのである。荒廃地帯と安全地帯は、ニューヨーク上空で、安全地帯の誰もが予測しなかったかたちで衝突したのである。

もちろん、この二つの地帯はサウジアラビアでも衝突している。そこでは、世界の自動車の三分の一をまかなう安価な石油に対する米国の執着が、アメリカの力とサウジの豊富な石油とのよこしまな同盟関係を生み出していたのである。

さらに、九月一一日の出来事はいままでのところ、「マルチチュード」によって起こされるかなり新たな形態をともなう非領域的なネットワーク型戦争ないし「ネット戦争」の最も劇的な例である。そして、ヒエラルキーはそうしたネットワークと戦うのが非常に難しくなっている。実際、ネットワークこそが、ネット戦争に参与する人びとと戦うのに最も適している（Arquilla and Ronfeldt 2001: 17）。アルカイダは、「カオスの縁」で自己組織化するシステムにたとえられてきた。「アルカイダの無定型性は、そのメンバーを追い詰め個々人に責を負わせることを困難にしているだけではない。そうしたものが必ずしも毎日毎日同じかたちをとり、明確な始めと終わりがあるわけではないということでもある」（Meek 2001）。実際、「アルカイダがビン・ラディンやその仲間から受け取るものは、明瞭で簡潔なイデオロギーというよりは、はっきりとしない命令と訓練であり、彼らは一人で世界に出ていき、その命令を実行に移すことになる」（ibid）。この国際的テロリズムという創発的なグローバルな流動体は、きわめて多様な自己組織的な要素からなっているために、無力化させるのが困難である。彼らは決まったようにその姿、形、動きを変える。そうした変異力は、時に突如として姿を現わすとしても、彼らを「不可視のもの」とする。

カステルは、そうした「敵」に対して行なわれる「非線形的な」戦争の性質について述べている（Castells 2001）。この非線形性は、「群飛《スウォーミング》」〔28〕によって、戦いの前線といった概念を失効させる。そうした群飛にみられる小さな自律的ユニットには、高度な射撃能力、非常に高速な機動力、堅牢な通信、リアル・タイムの情報、敵を「探知《センス》」する能力が備わっている。この「非線形的な戦争は、古くからのゲリラ戦の伝統のハイテク版を示している。この『ネットワーク中心型』戦争は……堅牢な通信に完全に拠っており、全チャンネルのネットワークのノード間の常時接続を維持することができる」（ibid.: 161–2; Duffield 2001: 14）。

したがって、あるひとつの「帝国」と「その」マルチチュードがあるというよりは、新たなアトラクタとでも仮定できるようなものがあるといえよう。このアトラクタは、「帝国としての社会」と呼ぶことができよう。世界中の社会は、「帝国」としての展開へと引き込まれている。そして、そうしたアトラクタに引き込まれていくにつれて、新たな非定常の予測不可能なマルチチュードが生まれ、そうした諸々の帝国とそのイコンをひっくり返そうとする。帝国としての社会は奇妙な新たな活動を展開しており、自らの中心そのものに位置する非線型的なマルチチュードに向き合うような諸システムを発展させている。

コスモポリタニズム

だが、グローバルな複雑性の創発システム内では別の事態が進んでいる。ヒエラルキー的な国民国家による「単純な」システムがあった頃に少し戻ってみよう。世界が国民国家で構成されていた頃、「他の」社会はほぼつねに、恐怖、攻撃、植民地化、支配、隔離の対象であった。他のものは危険であり、軍隊、移民、貿易商人、浮浪者、旅行者といった、とどまる可能性がある動く他者はとくにそうであった。シティズンシップは、まぎれもなく社会の内部にいるとともに、社会の一部となっている人という厳密なカテゴリーに帰することができる権利から成り立つようになった。この国民社会からなるシステムは、他者に対する計り知れない敵対心をもたらし、そこには通常、「みにくく、荒々しく、ぞんざいな」関係がみられた（Diken 1998を参照）。

しかしここで、「コスモポリタン」のグローバルな流動体が不確実的かつ偶有的に創発しているのかどうか考えてみる必要がある（D. Harvey 2000）。一連の「グローバルな」価値観と気質は、創発的で不可逆的なグローバルな複雑性の意味するところのものとなっているのか。そうした感情複合体の進展のなかで、「諸社会」はしだいに自己形成するようになるのか。かりにグローバルなスクリーン上でコスモポリタニズムを示していないなら、憤懣やるかたない《スキャンダライズド》非難を受けるのか。帝国としての個々の社会にとっての「敵」は、ほとんど境界をもたず、社会の内でも外でも同じようにみることのできるグローバルなリスクであるのか。この種のリスクには、亡命希望者、テロリスト、疾病、ウイルス、環境上、健康上のリスクなどがある（Van Loon 2002を参照）。以上のようなコスモポリタンな流動体は、さまざまな特質を有している（Waldron 1995; Tomlinson 1999; Beck 2000; Cwerner 2000; Franklin *et al.* 2000; Walby 2001）。

一、広範な移動性。そこでは、人びとが身体的、想像的、バーチャル的に「旅」をする権利を有しており、おびただしい数の労働者、学生、旅行者、亡命希望者などには、場所、人、権利、環境を途上で旅し消費する手段がある。

二、場所、人、文化についての物珍しさ。自らの社会とその文化を歴史地理にしたがって「地図化」する基礎的能力。他の人や文化に対する開放的なスタンス。いくつもの競い合う断片化した「他者」の言語／文化／歴史の諸要素を、自らの文化にとって、あるグローバルな基準を満たせば価値あるものとして評価する意欲／能力。

三、さまざまな「他者」と出会うという理由で、積極的にリスクを引き受けようとする意志。これは、他の自然、場所、社会のイメージを解釈し評価したり、それらが表象するとされるものを理解したり、それらがどのようなときにアイロニカルなものになるのかを知ったりするための記号論的技能でもある。

四、他の場所、文化、人を位置づけ、判断を可能とするグローバルな基準。国連の創設に続く数多くの国際組織が、そうした基準を打ち出し普及させている。

コスモポリタンという概念を明瞭に表現した二人の人物が、サルマン・ラシュディとC・L・R・ジエームズである。ラシュディは一九九〇年の著作のなかで、次のように述べている。「もし『悪魔の詩』がなにものかであるなら、それは移民の目による世界観である。まさに根こぎ、離接、化生の経験から書かれたものであり……それは、移民の条件であり、そして、思うに、この条件から、あらゆる人間性《ヒューマニティ》のメタファーを引き出すことができる」(Waldron 1995: 93 の引用)。さらにC・L・R・ジェームズは、かつてこう記した。「諸階級の関係が変わって、ようやく気づいた。問題なのは商品の品質や効用ではなく移動だということを、つまり、どこにいるのか、何であるのかではなく、どこから来たのか、どこへ向かっているのか、どれほどの速さで向かっているのかであることを」(Clifford 1992: 96 の引用。Clifford 1997 も参照)。

このような創発的なグローバルな流動体は、いまや世界を群飛する極度にメディア化した諸関係から生まれている。このことは中国本土でさえ当てはまり、そこではさまざまなメディアの厚みのある成長がふたたびコスモポリタニズムを生み出している(Ong and Nonini 1997; Yang 1997)。国連グローバル・ガバナンス委員会は、国連の創設後五〇年の歩みを報告するために立ち上げられ、「私たちのグローバルな近しさ《ネイバーフッド》」について話し合うなかで、メディア上の無理強いされた近接性がコスモポリタニズムを生み出している、と指摘している(UN Commission on Global Governance 1995. Tomlinson 1999: ch. 6; Beck 2000 も参照)。ネルソン・マンデラは、しばしば「南アフリカと〔テレビの画面を〕見ている世界の人びと」に向けて声を発している(UN Commission on Global Governance 1995: 107)。マンデラのスピーチにおける「私たち」は、ほぼつねに、南アフリカを超えた人びと、すなわち、グローバルなメディアによって南アフリカを視聴し、テレビ放送によって無理強いされた近接性を介して南アフリカの再生に集合的に参加した人びとに呼びかけている。マンデラが「私たちはひとつだ」と述べるとき、マンデラは、南アフリカとともにその目撃者たる残りの全世界を指している。同様に、ダイアナ妃の葬儀の際にテレビのコメンテーターたちから発せられた集合的な「私たち」とは、グローバルなスクリーン上で目撃し分かち合う二五億もの人びとなのであり、このとき、かのイコン的な「世界的な癒し手《グローバル・ヒーラー》」は全世界によって是認されたのである(Richards *et al.* 1999: 3)。

実際、一九八九年のベルリンの壁崩壊以降、『全世界が見つめる』(Gitlin 1980) さまざまな「グローバルな出来事《イベント》」が立ちあらわれている。二〇〇一年の九月一一日には、全世界が超現実的でハリウッドでも見られぬ瞬間を目撃した。生きている乗客たちを乗せた威勢のよい飛行機が世界最大の二棟のビルに突っ込み粉々にしたその瞬間を、である。世界貿易センターは一五万人に達する労働者と訪問者であふれたひとつの空中都市であったが、二撃のうちに全世界の狂騒とともに爆破され消失してしまった。空前絶後の「テロリズムに対するグローバルな連合」が形成されたのは、こうした集合的な視聴に支えられてのことであるが、同時にこの形成によってコスモポリタンの流動がさらに促されることになった。集合的なグローバルな惨事は、こうしたコスモポリタンのグローバルな流動を形成する鍵となっており、おそらくは、現下のポスト第二次世界大戦期におけるニュルンベルク裁判の創設期の始まりとなるであろう。

さらに、地球のさまざまな視覚的表象が、「国」旗《ナショナル・フラッグ》の重要性にいっそう疑念を抱かせている（Ingold 1993; Cosgrove 1994 を参照）。イコン的な青い地球をめぐってみられているのは、漆黒の空間のなかの地球を、寒々とした虚空を背景にくっきりと浮かび上がるひとつの球体としてながめることであり、そこには境界や政治的な色分けがなく、時が止まっている。地球は、権威、組織、そして、とりわけニュース番組でグローバルな情報の及ぶ範囲の象徴として機能している。

より一般的にいえば、空間の映像は、果てしない旅の可能性や、他の場所のどこにおいてもみられる「コスモポリタン的」消費の可能性を示すためによく用いられている（Urry 2000b: ch. 7）。ヘブディジの整理にしたがえば、多くの人びとが身体的に、そして居間のテレビを通じて世界旅行者となっているために、「日常のコスモポリタニズム」はそうした人びとの日々の経験の一部となっている。つまり、「日常のコスモポリタニズムは、二〇世紀末の消費者文化に部分的に『乗っかっている』。一九九〇年代は、〔少なくとも西洋では〕すべての人が、程度の差はあれコスモポリタンなのである」(Hebdige 1990: 20)。

強力な「テレビ放送のフロー」によって視聴者は、国内体制を越えて広がるフローする視覚世界へと投げ込まれている。他世界の文化の姿を映し出す瞬間反射鏡が据えられ、他世界の文化は人びとの家で映し出される(Williams 1974; Allan 1997; Hoskins 2001)。アルンダティ・ロイが情感豊かに描いているある老婦人の生活は、いくつもの「グローバルな他者たち」を瞬時に、しかもしばしば「生で」目にするようになったことで一変してしまう。「応接間にいながら衛星テレビで世界を支配するかのように見下ろす。……一夜にしてだ。ブロンド美人、戦争、飢饉、フットボール、セックス、音楽、クーデター、それらがみな同じ列車でやってくる。いっせいに荷をとき、同じホテルに泊まる。……戦争、飢饉、なまなましい虐殺、ビル・クリントンなど、そのすべてがまるで召使いのように呼び寄せられるのだ」(Roy 1997: 27)。このような具合に「準拠集団」が多種多様に並び立ち、変わり続け、とりわけテレビを通じて、そしていまではインターネットを通じて、あらわにされ曝される。「コスモポリタン旅行者」は、観念、価値、規範、正義感を、そうした相並び合った途方もない数の資源から引き出すことができるのである(Waldron 1995; Walby 2001)。

他の場所に対する以上のような感覚から、コスモポリタンな相互依存と「汎人間性《パン・ヒューマニティ》」に対する認識が生まれることになる(Franklin *et al.* 2000)。情報、知識、カネ、商品、ヒト、イメージのフローは、「空間的な距離感喪失の流れを加速させている。その距離感とは、今日、人間性として認められるようになってきたものを構成している、他のあらゆる人びとに配慮する必要から人びとを引き離し遮断してきたものである」（Featherstone 1993: 169）。メディアを介して消費の営みに加わることで、人びとは自分自身、拡散するグローバルな市民らしさの一部となっていることを体感する。そしてそこでは同じ経験を共有し、少なくとも自分たちは世界とその文化のモザイクを無数の他者とともに目にしているという感覚によってひとつになっている（Gitlin 1980; Dayan and Katz 1992）。

国連によれば、グローバルな市民らしさは、ある意味で、人間の開発が判断される際の普遍的な基準のようなものを生み出している（UNDP 2000を参照）。グローバルな複雑性がもたらす逆説的な結果として、人間だけではなく動物や環境ともかかわる普遍的な権利、すなわち汎人間性が生まれ、それが集合的行動のフレームを形づくるようになる文脈が作り出されている。こうした汎人間性を例証するものとして、「グローバルな贈与」と呼びうるものが広範にみられる。（ライブ・エイドなどのメガ・イベント、地域的なイベント、インターネットを通じて）遠くの（見知らぬ）他者に対してカネ、時間、モノ、ソフトウェア、情報が贈られているのである。

コスモポリタニズムは、グローバルなものとローカルなもののあいだの諸関係の変形を通して、グローカル化のアトラクタによって生み出され、さらには、グローカル化のアトラクタに磨きをかけていくものとみるべきである（Tomlinson 1999: 194-207）。多くの「地域《ローカリティ》」を「グローカリティ」のアトラクタに引き込むことで、創発の前提条件が生み出されている。その例としては、「われわれの現実の物理的環境が変化したこと、遠くで進行している政治的・経済的プロセスが生活設計のなかに日常的に組み入れられるようになったこと、われわれの家庭のなかにメディアとコミュニケーションのテクノロジーが浸透してきたこと、多文化主義がますます標準的になってきたこと、移動性が向上し、外国旅行が盛んになってきたこと、さらには食文化の『コスモポリタン化』の影響が出てきた」(Tomlinson 1999: 199. Rotblat 1997b; Beck 2000 も参照) ことなどがあげられる。

したがって、ローカルとされるものとコスモポリタンとされるものは、必ずしも対置されるべきではない。現代世界における一連の有力な傾向は、地域主義的で最も近しいものでもなければ、グローバルで普遍的なものでもない。ジグムント・バウマンは『リキッド・モダニティ』のなかで、「思考旅行」についてのデリダの議論を援用して次のように主張している。「その要領は多くの家でアット・ホームになることであるが、それは同時にそれぞれの内にも外にもいることであり、親密さをよそ者に対する批判的な見方とつなぐことであり、関わり合うことと距離を置くこととをつなぐことである」(Bauman 2000: 207)。このようにコスモポリタンの流動性には、グローバルなものとローカルなもの、離れたものと遠くにあるもの、普遍的なものと特殊的なもののいずれにも同時に住まう能力がともなう。このコスモポリタニズムには、あるローカルな文脈の種差性を理解し、他のローカルで種差的な文脈とつながり、グローバル化する世界の複雑な脅威と機会に敏感になることが含まれる。私たちはこうして、「グローカル化するコスモポリタニズム」について語ることができる。このグローカル化するコスモポリタニズムのなかでは、「日常の生活様式を選択する際に、自分のローカルな生活世界に触れるかのように、より広い世界をごく普通に体感していく必要があり、またその逆についても同じことがいえる」(Tomlinson 1999: 198)。

以上のようなグローバルな流動体としてのグローバルなコスモポリタニズムは、第4章でみた互いに交合する種々のグローバルな流動体からなる「縮小世界」を通じて、ますます広がっているようにみえる。そのスケールの拡大と複雑な衝撃は、不可逆的に各々の市民社会を変容させ、「社会的なアクターが集い、組織し、行動する」（Cohen and Arato 1992: 151）際の条件を変えている。そして、社会的なアクターがさまざまに集い、組織し、行動するにつれ、新たな予測不可能で創発的なコスモポリタンのアイデンティティ、営為、認知実践が創発している（Eyerman and Jamison 1991）。テレビや航空旅行、携帯電話やモデムから、コスモポリタニズムの創発的なグローバルな流動が立ちあらわれている。このことは、目の前にあるとされるものと媒介されているもの、具体化したものとおぼろげなもの、さらにローカルなものとグローバルなものを変容させている（Harvey 2000: 85-6）。

以上のように、コスモポリタンのグローバルな流動の創発は、グローバルな複雑性の不可逆かつ予測不可能でカオス的な作用をあらわしている。そして複雑性理論は、コスモポリタニズムがいかにしてグローバルな秩序化の新たな創発的流動体として発展するようになったのかを検討する手段をもたらしているようにみえる。

おわりに

ジョン・グレイは、地球の現状を「果てしなく無秩序化した世界」として描き出している（Gray 2001）。本書では、そうした果てしない無秩序性を検討するのに不可欠な、広範にわたるメタファー、概念、理論が「複雑性」からもたらされることを示そうとしてきた。この世界のあちこちでみられる諸々の関係は、複雑で豊かで非線形的であり、そこにはいくつもの負のフィードバックと、より重要な正のフィードバックがみられる。さらには、収穫逓増や長期経路依存の不可避的なパタンもみられる。そうしたグローバルなシステムないし領域、グローバルな情報ネットワークとグローバルな流動体を特徴づけるものは、予測不可能性と不可逆性である。つまり、そのような領域や流動体には最終的な「平衡」ないし「秩序」が存在しないのである。不変の構造安定性が示され維持されることもない。複雑性は、あらゆる物理、社会システム内で秩序と無秩序がいかに存在するのかを緻密に描き出すものである。グレイにしたがって、予測不可能で不可逆で乱雑でありながらも、けっして無秩序ではない複雑な世界がどのようにして存立するのかを調べることができる。

ここでいう複雑性は、さきに係留と移動の弁証法と名づけたものから生まれている。この点をあまりにも単純に表現して、社会的世界は完全に係留しているか完全に動的《モバイル》であるとするならば、システムは動的《ダイナミック》で複雑なものにはならない。しかし、社会生活は、多岐にわたる新たな移動を可能にし、生産し、前提とするまったく新たな係留をともなう物質世界を通してますます構成されるようになると思われる。途方もない数のシステムが複雑で、奇妙に秩序化されており、新たな形状をともなって時空を移動しているのである。

こうしたシステムの内部では、多種多様な構成要素が、重力効果を発揮する種々の「アトラクタ」のほうに不可逆的に引き寄せられている。各々の構成要素は、どのシステム内でも、平衡から遠く離れた状態下で作用している。それはひとつには、個々の構成要素が「ローカルな」情報源に反応するからである。しかし、ある場所の構成要素は、いくつものつながりと驚くべき軌道を通して他の場所にはっきりとした時空効果を及ぼす。そうしたシステムは不可逆に進展する歴史を有しており、そこでは過去の出来事が「忘れられる」ことはない。やがて、「原因」と「結果」が不均衡であることから、システムが分かれる分岐点に達する。原因と結果のあいだには非線形的な関係があり、そのため、システムはある状態から別の状態へと即座に劇的に変わることになる。システムは、とりわけ、驚くべき特異な結果をもたらす「ネットワーク化された」諸関係を通じて組織されているものに「転換」ないし「転回」する。

最後に、以上の点と「再帰的近代化」論とのつながりについて少し考えてみたい。これまでに論じたように、「ナショナルな範囲での社会構造は、グローバルな情報通信構造に置き換わりつつある」(Lash and Urry 1994: 6)。この創発的な情報通信システムは、さらなる再帰性の基盤となっている。情報通信の構造的な力の増大にともなって、「社会」の「構造」は徐々に手がかりをもたなくなっている。

そして、こうした新たな「情報通信」構造を介して高度な再帰性が生まれている。再帰的近代化によって特徴づけられる社会生活のなかで、個人とシステムはとりわけモダニティの副作用を再帰的にモニタリングしている。この再帰性はさらに数多くの新たな構造、とりわけ種々の専門家システムの構造をもたらす。しかしながら、こうした再帰性は認識的であると同時に文化的なものでもある(Lash and Urry 1994; Waldron 1995を参照)。再帰性は、単に近代の副作用のモニタリングや組織的対処、場合によっては改変を可能にする科学的システムや専門家システムの問題であるだけではない。むしろ、再帰的近代化には、巨大な新たな文化産業、真の記号経済をもたらす審美的表現システムがともなうのである。

それでも、こうした再帰的近代化のプロセスは、本書でコスモポリタンなものの創発的なグローバルな流動と呼んだものから発しているといっておきたい。コスモポリタニズムは、創発的なグローバルな複雑性のなかで適切な文化的再帰性を有する傾向を生み出している。再帰的近代化が目下みせている形式は、コスモポリタニズムのグローバルな流動である。このコスモポリタンの流動には、グローバルな速度とともに存在論的に大地に足を下したものの悠久さを描き直すプロセスが含まれる。コスモポリタンの流動は、歴史的に「社会」として理解されてきたものはもちろん、他のネットワークや流動体が作用する条件も不可逆的に変容させている。このことは、ベックが検討したようなリスク社会から、より一般的なリスク文化への動きとしてラッシュが描いた移行につながるものである（Beck 1992, 1998; Lash 2000）。そうしたリスク文化は、はっきりと境界を突き抜けるリスクを取り扱わねばならない。こうしたリスクには、ポスト産業的なリスク、とりわけ情報フロー（生物工学、サイバー監視、伝染病、廃棄物、遺伝子組換食品、サイバー犯罪、国際テロ）にからんだリスクのほかに、イノベーションのプロセスそのものの一部であるリスクの取り扱いも含まれる（Van Loon 2002）。そして、この移行に対応するのが、国民社会からコスモポリタンのグローバルな流動体の力の増大への移行であり、そして、他の論者が述べてきたような、モダニティから再帰的近代化への移行である。

さらには、複雑性理論を、コスモポリタニズムから生まれ、コスモポリタニズムを高めていくものとしてみることもできよう。このグローバルな流動は、他のネットワークや流動との幾重にも束なり重なり合う不可逆な相互依存とともに、世界中の諸々の社会関係を、線形的、閉鎖的、自己完結的ではないかたちで改変する役割を果たしている。複雑性は、コスモポリタニズムが生み出し広める理論であるとともに、強力な物質世界のシステミックな特徴を捉え反映する理論である。

このようにコスモポリタニズムは、グローバルな複雑性を有するポスト社会組成的な時代において、社会科学の発展の道筋を部分的に再構成するに違いない創発的なグローバルな流動体とともにある。コスモポリタニズムによって、グローバルな複雑性理論は、「カオスの縁」でバランスを保つ新たな世界秩序化を捉え、再表象し、パフォームする主要な手段のひとつとして広がっていく。複雑性理論はそれ自体、不可逆的に、グローバルな複雑性の創発システムの一部になっているようにみえる。したがって、本書で示そうとしたように、目下、世界の人口《ポピュレーション》を取り巻く数多くのグローバルなシステムに対して複雑性科学の示唆するものを展開していくならば、私たちは、まさに流れに身を任せて《ゴー・ウィズ・ザ・フロー》いることになるのだ。

訳註

〔1〕「社会組成的」(societal) なる用語は、二〇〇〇年前後から欧米で流行しており、アーリの批判対象である「統一的な全体性 (totality) としての社会に関する」という意味合いで用いられ、「全体社会的」とも訳される。

〔2〕あらかじめ指摘しておくと、複雑系 (complex system) とは、多数の因子や未知の因子が稠密に相互作用しあってシステム全体の振る舞いが決まるシステムのことである。したがって、単に「複雑に入り組んだ」(complicated) システムのことではない。「複雑性」についても同様に理解されたい。そして、こうした複雑系においては、それぞれの因子が相互に影響を及ぼし合っているために、還元主義の手法ではシステムの未来の振る舞いを予測することが困難である。

〔3〕ジェソップによれば、生態的優位とは、所与のシステムが、自らの自己組織化の生態において、自らの発展の論理を他のシステムの機能に被せ、それが自らの機能に対する他のシステムの発展の論理を上回ることを意味する。つまり、共進化する複合的状況のなかであるシステムが優位になるのであって、あるシステムが自らの論理を一方的に押しつけるだけの一方的な支配関係があるわけではない。空間からの離脱を進める新自由主義の利潤志向的で市場媒介型の経済は、固有の自己価値実現の論理を有しており、他の社会関係よりも優位にあるが、しかし、他方で、時間と空間に「固定」され、特定の社会関係に埋め込まれることを価値実現の条件としており、したがって、両者は生態的

関係にある。

〔4〕「パフォーマンス」とは、動詞または陳述がそれ自体で、表現されている行為を実現すること。「行為遂行」と訳されることが多いが、本書では、動詞形も「パフォームする」、形容詞形も「パフォーマティブな」と訳す。

〔5〕「アトラクタ」については、本書第2章4節（四〇〜四五頁）の記述、および訳註〔14〕を参照のこと。

〔6〕第2章でみるように、熱力学には、平衡状態、平衡に近い状態（線形非平衡）、平衡から遠く離れた状態（非線形非平衡）の三段階がある。平衡とは、熱い珈琲が室温と同じ状態になったときなど、物体間に熱の移動がなく、かつ相の変化もない状態を指す。線形熱力学の扱う平衡に近い系（システム）では、初期条件はどうあれ、系は最後に、課された境界条件によって決まる状態に到達する。これらに対して、系に働く熱力学的力が線形領域を超えた平衡から遠く離れた状態では、ゆらぎが、平衡や平衡に近い系を特徴づけている「正常」で安定した挙動とは異なる新しい挙動を起こすことがあり、無秩序（熱的カオス）から秩序（動的秩序）への転移をみせることがある。

〔7〕量子飛躍とは、光子の吸収や粒子の衝突などによって起こる量子力学的状態間の転移を表わしている。すなわち、漸進的な変化ではなく、段階的な大きな変化を表わす比喩的表現である。

〔8〕かつてアルフレッド・マーシャルが定式化した「収穫逓減の法則」では、市場で成功した製品や企業はいずれ頭打ちになると考えられているのに対して、「収穫逓増の法則」は、情報産業・IT産業・サービス産業では、しばしば最初に市場を制した初物がその後も勝ちつづけることのほうが起こりやすいという理論であり、収穫逓増は需要と供給の「均衡」ではなく、市場の「不安定」を巧みに生み出して、特定企業や特定製品の増産と増収のカーブに周囲の流れをつぎつぎに巻き込んでいく。

〔9〕生きたシステムとは、有機体のようなシステムではなく、生態系のような各要素が相互連関しあった複雑系を指す。

〔10〕この点について、ゾーハーは、「すべての恋人と同時に暮らすことのできる量子の浮気娘」なる比喩を用いて説明している。社交界にデビューしたばかりのこの娘は、何人もの男性に求婚され舞い上がってしまう。日常的現実の世界では、これぞぴったりの男であると確信するために、それぞれの求婚者と一人ずつデートして確認していかなければならない。しかし、量子の世界では、この娘は、瞬く間にすべての求婚者との恋に落ち、同時に同棲することがで

きるのである。そして、もちろん、最後には、一人の男と結婚して一つの家に住むことになるのだろうが、しかし、彼女がひとときのあいだ過ごした周りの家にもその痕跡が残されており、その近所の人びとは彼女に会ったことを覚えているのである（ゾーハー 一九九一：三六）。ここからわかることは、物体がエネルギーの明確なやりとりがないにもかかわらず即時に他の物体に影響を及ぼすことのできる「遠隔作用」（action at a distance）、ないし「非局所性」（non-locality）が、量子物理学者にとっては当たり前の事実になっているということである。

〔11〕 熱力学の第二法則とは、熱が高温度の物体から低温度の物体に移動する過程が不可逆であることを示す法則のことである。エントロピーの増大とは、この際に分子運動レベルでの乱雑さ、無秩序性が増大することを意味しているが、熱は均質に広がっているので、経験的には、平板化、均質化の度合いが高まることとイメージするとわかりやすい。

〔12〕 ローレンツは気象を決める三つのパラメータ（温度・気圧・風向）を用いて非線形の微分方程式をコンピュータで解こうとしていた。最初はこれらの六桁の数値（〇・五〇六一二七）を入れて、ついで検算のときは四捨五入して三桁の数値（〇・五〇六）で計算を始めた。コンピュータによる計算中、ローレンツはコーヒーブレイクのために席をはずして戻ってきてみると、とんでもない計算結果が現われていた。千分の一未満であった初期値の誤差が非線形方程式を解いているうちに代入を繰り返すことで途方もなく増幅されていたのである。

〔13〕 砂の山の上から、たえず霧雨のように砂粒が降り注いでいくと、山はしだいに高くなり、一定の高さでとまる。積み上がった砂が滑り落ちていく量と、上から降る新たな砂の量が釣り合うからだ。この状態の砂山をイメージしてほしい。ここで、砂粒同士は非常に複雑にかみ合っており、いまにも崩れ落ちそうになっている状態になっている。

〔14〕 簡単に言えば、あるシステム内の動きが向かう固定点や平衡状態をアトラクタと呼ぶ。

〔15〕 ホメオスタシスはそもそも、クロード・ベルナールの発見した生物生理系（たとえば血液）が正常な状態を維持する現象を意味する言葉であったが、生物系の種々の階層における安定した動的な秩序を表わすのに使われるようになった（たとえば、生物群集における種の構成の安定性は生態的ホメオスタシスと呼ばれる）。

〔16〕 コストがかかるためによりよいシステムに移れず、歴史的な偶発的出来事と過去の政策的介入によって生み出された既存のシステムとその発展経路に固定（ロックイン）されてしまうということ。

〔17〕もっと正確に言えば、個々人は、エスニシティの違いにはそれほど敏感ではなく、融合して暮らすことを厭わない。ただし、ごく近隣のあいだで自分のエスニシティが極端に少数派にならないでほしいというささやかな条件があるだけで、エスニシティの融合した都市パタンが少しの「ずれ」をみせた場合に、連鎖反応がつぎつぎと起こり、結果として完全に分離してしまう。

〔18〕ストックカーとは、市販の乗用車をレース用に改造した車のことである。

〔19〕微小生息域とは、枯れた根株や動物の遺体など、微小な生物にとって特異な棲息場所となる小生息域のことである。

〔20〕魔力を持つ想像上の性悪のお化けで、とくに悪い子どもをさらっていくとされる小鬼を指し、子どもを脅すために持ち出される。

〔21〕「不変の可動物（immutable mobiles）」とは、ブルーノ・ラトゥールの概念。やわらかく訳せば「変わらずに動くもの」。たとえば、地図など。あらゆる個人や集団に伝えられたり、複製されたりするが、しかし、その固定化された内容や意味が変わることはない。

〔22〕「貧血症」は、アフリカではしばしばみられる重病であり、オランダではたいしたことではないとされている。

〔23〕つまり、アフリカにも貧血症の症状がひどくない地域があるが、「領域化」によって、そうしたものが捨象され平均化され、アフリカとオランダのあいだに「恣意的な」線引きがなされているということ。そして、この線引きによる領域化をもたらすのは、「事物の秩序」ではなく、「不変の可動物」によるネットワークである。

〔24〕貧血症の診断ネットワークにおける「不変の可動物」は、アフリカに運ばれる測定機器や測定するスタッフに問題があり、しばしば直の診察（診療のまなざし）に頼っているため、「不変」の可動物となっていない。ここで、別のネットワークが働いていると考えることもできるが、しかし、臨床の診断のありようは、場所によってさまざまに変わるため、「不変」のものではない。

〔25〕ギデンズとアーチャーら批判的実在論との決定的な差は、創発の次元を認めるかどうかにある（ギデンズは認めていない）。

〔26〕マイケル・ビリッグの用語。ナショナリズムは熱狂的な状態で生まれるものではなく、身の回りに存在しているご

くありふれた（バナールな）表現によって日常的に形成され、差異化され、維持されていることを示す。

〔27〕 マタイ第二〇章一六節。ちなみに「非世俗的な」解釈では、「先の者」とは、すべてを捨ててイエスにしたがった使徒たちのことであり、「後の者」とは、それ以後のイエスの教会において、神のために働く者たちを指す。つまり、使徒たちは、その犠牲的な奉仕の業にもかかわらず、場合によっては、後の者と同様に扱われるか、あるいはそれ以下の扱いを受ける可能性もあるということになる。

〔28〕 敏速に目標に向かって集中し、その後、たちまち散っていく、蜂のような攻撃。

創発へ／から（監訳者あとがきにかえて）

本書の著者であるジョン・アーリは、一九八一年に『資本主義の解剖学（*The Anatomy of Capitalist Societies: the Economy, Civil Society and the State*）』（邦訳名『経済・市民社会・国家』）を上梓して颯爽とデビューした。そこで強調されたことは、一言でいうと、資本主義における主体形成において、一方で生産の社会的諸関係、他方で国家に直接規定されない、ジェンダー、人種、民族、世代、居住地などの社会的なクラスターを介して立ちあらわれる、行為者間の相互作用、いわば資本主義的生産に全面的に還帰されない諸個人の社会的経験の重要性である。それは、いまでこそ、別段新しい主張とは言えないかもしれない。しかしそこでの原認識、つまり諸個人の社会的経験を通して資本主義を解剖するということが、その後の著作において基調音をなしていることは、やはり指摘しておく必要があるだろう。わが国では、アーリというと、観光もしくはツーリズムの論者という俗流の理解が浸透しているが、アーリは一貫して資本主義論者であり、市民社会論者であるのだ。ちなみに、アーリのツーリズムにおいて鍵概念となる視覚的消費は、伝統的な社会諸関係や資本との対峙を通して場所性を回復するポストモダン的な主体形成のための導線としての役割を担っている。同時に、そうした視覚的消費の拡がりが、資本の蓄積と循環のための新たな機会を創り出しているのである。

とはいえ、アーリが一貫して資本主義論者であり、市民社会論者であるにしても、そのときどきの作品をみると、きわめて振幅の大きい議論をしてきたことがわかる。この点については、アーリ自身が本書の「はしがき」において達意に述べている。そこにおいて、アーリの資本主義認識と市民社会認識がほぼグローバル化に座を据えて深められてきたことが理解できるが、このプロセスはそう単純ではない。述べられていることを私なりに反芻してみると、アーリのグローバル化へのまなざしは、まず彼が「脱組織化」と呼ぶもの、次にそれとの共振においてみられるグローバルなフローをめぐって揺れ動いてきたといえる。アーリはスコット・ラッシュとの共著において、資本主義の組織化原理がいわゆる「ナショナルで社会組成的な組織化からグローバルな脱組織化へ」とシフトしていると指摘した（『組織資本主義の終焉（*The End of Organized Capitalism*）』）。アーリらの慧眼は、こうしたシフトが動的な記号経済の進展とともにあることを喝破したことである（『記号と空間のエコノミー（*Ecomies of Signs and Space*）』）。なぜなら、この共進過程／関係への鋭意な着目は、その後、人びとのさまざまなスケープを帯同するグローバルなフローの含意を確認することからはじまって、「社会的なもの」の再審へと向かうことになったからである。

ところで、この「社会的なもの」の再審において基軸をなしてきたのが、時間、空間の変容であり、それにもとづいてなされることになった場所性の再定式化である。そこを通底する時間、空間認識は、端的には「時間と空間は現象の容れ物とみなされるのではなく、むしろ、あらゆる物理的、社会的存在は、時間を通して、そして空間を通して構成されているのだ」という言述に集約される。いうまでもなく、こうした認識はいわゆる社会理論の「空間論的転回（spatial turn）」に沿うものとしてある。そして場所性の再定式化（↓新しい場所性の発見）はこうした空間論的転回のひとつの画期を記すものとしてある。アーリにおいて、そうした場所性の再定式化への道標となったのは、ツーリズムに導かれた視覚的消費が諸個人のリフレクティブな能力の向上を促し、そうした能力に支えられて地域の活性化、場所性の回復が可能になっているという、『観光のまなざし（*The Tourist Gaze*）』から『場所を消費する（*Consuming Places*）』において観られる認識である。同時に、そこでは、場所性の再定式化／回復それ自体が、資本蓄積の機会になっているというもうひとつの認識が見え隠れしている。

ところで、以上の場所性の再定式化が、先に一瞥したグローバルなフローへのまなざしと響き合いながら、より明確な含意を込めて立ちあらわれたのが『社会を越える社会学（*Sociology beyond Societies*）』である。そこでの主テーマは、移動と場所を社会学の中心に据えることである。むろん、この場合、移動はヒト、モノ、情報等のフローのことである。そしてそれが成功しているかどうかはさておき、社会学の新たなアジェンダを構成する「移動論的転回（mobility turn）」に照準されていることは確かである。この「移動論的転回」にとって、「社会的なもの」の再審は不可避であるが、より重要なのは、そこから必然的に社会学の問い直しに向かっていかざるをえないということである。ちなみに、アーリは、『社会を越える社会学』では、「社会学的方法の新しい基準」を築き上げることが課題である、と述べている。ともあれ、こうしてみると、『社会を越える社会学』は、アーリにとってひとつの到達点を示すとともに、ひとつの起点をなすものであるといえる。そして本書において、明らかにそうした到達点／起点としての内実が「創発」というかたちでくっきりと示されている。

本書は、『社会を越える社会学』で示された、「グローバルなネットワークの『創発』が（人びとの）社会生活を根底から変えていること」を、複雑性科学の成果と可能性を援用／適応するなかで確かめることに最大の眼目があるように思われる。それでは、「グローバルなもの」を前にして、「創発」がどのようなかたちで論じられているのであろうか。またそのことを通して、「社会学的方法の新しい基準」をどのようにして築き上げようとしているのであろうか。ここではとくに前者にしぼって、本書がめざそうとしているものを浮き彫りにすることにする。

アーリが主張する「創発」を理解するには、まずその根底にある「非線形的な思考」についてあらかじめ把握しておく必要がある。なぜなら、「創発」は、「非線形的な思考」をひとつの補助線にして理解することができるからである。

アーリの「非線形的なもの」の主張の背後には、これまでの社会科学は「線形的な思考」に誘われてきたとする認識が伏在する。それでは、「線形的な思考」の特徴とはどのようなものであろうか。それは端的にいうと、「完全に決定論的な一連の法則にしたがって、予測不可能ではあるがパタン化した結果が生じる」とするもの、すなわち「何かしらの出来事の原因と結果のあいだには一貫したつながりが存在」するとするものである。そこでは必然的に、対象とする「システム……には、結果を寸分の狂いもなく『統御《ガバン》』し生み出す中心的なヒエラルキー構造」がみられる、とされる。これまで社会科学の中心的な命題をなしてきた「構造－エージェンシー」という枠組みに即していうと、「諸々の行動は通常、たとえば資本主義的構造、家父長的構造、年齢構造などによって『構造的に』引き起こされるものとみな」すものである。そしてそこで観察される現象は境界づけられていることと、「単一の中心ないし『統治者』」が存在することが前提とされる。ちなみに、アーリによれば、こうした線形的な思考に寄り沿っているとみなされるのは、何よりもまず「所与の境界をもった『組織的な《オーガナイズド》』資本主義社会の研究に焦点を当て」た社会学であるが、ウェーバーの官僚制論、合理的行為理論、そしてある種のグローバル化論もそうしたものとしてある。

それらのなかにあって、アーリがとりわけ俊敏な批判的まなざしを向けているのが、線形的なグローバル化論である。アーリいわく、「グローバルなものをめぐる社会科学は、……グローバルなものを所与のものとして扱い、多くの者が『グローバル化』と呼ぶこの全能の存在によって、さまざまな場所、地域、国民国家、環境、文化が、線形的なかたちでどのような道をたどってどのように変容するのかを示そうとする傾向をみせてきた。こうして、グローバル化（ときにグローバル資本主義）は新たな『構造』としてみられ、場所や地域といったものは新たな『主体《エージェント》』と目されるようになったのである。通常の社会科学でみられる区分けを、グローバルなひねりを加えて用いているのである」と。本書では、いうなれば複雑性科学にもとづいて、こうしたグローバル化論を組み替えることに主眼が置かれている。

それでは、以上のような線形的な思考の対向に置かれる「非線形的な思考」とはどのようなものであろうか。それはこれまで言及してきたこととの関連でいうと、「原因と結果のあいだにはしばしばはなはだしい不均整が生じること、予測不可能で不可逆的なパタンが社会的、物理的なシステムのすべてを特徴づけている」とみなす立場である。I・プリゴジンに即していうと、「非平衡性を有する動力学」にもとづいて「いくつもの未来、分岐と選択、歴史的依存性、そして……本来的かつ内在的な不確実性を強調」する立場である。アーリによると、こうした思考の原型は、「偶発性や開放性や予測不可能性を強調する」F・カプラのネットワーク分析やZ・バウマンが「リキッド・モダニティ」と呼ぶものの裡にみられるが、その典型事例は、「構造とエージェンシーが相互に結びつき時間の経過とともに共進化する」／「機能的に統合された『システム』において『原因』と『結果』が実質的に共存する負のフィードバックの循環メカニズムが存在している」とするA・ギデンズの「構造の二重性」論／構造化論定式化である。ちなみに、アーリは、一連のポストモダン論者によって線形的科学者と烙印されてきたマルクスの分析が、社会科学における非線形分析の最もすぐれた例である、と述べている。

ここであらためて注目されるのは、以上のような「非線形的な思考」に根ざすグローバル化論の立場である。もはや詳述するまでもないが、それは基本的には「グローバルなものは、しばしば途方もない変動の『原因』であると同時にその変動の『結果』でもある」、したがって当然のことながら、「単一の権力の中心などではない」というものである。見方を変えると、「動的な複雑系」としてあり、「平衡から遠く離れた特性やパタンを有する一連の……システム」としてある「グローバル化は乱雑なものであり、パラドクスと予期せぬものとで満ち溢れている」。そしてそれはつまるところ、「グローバル化が深まればローカル化が深まり、そしてそのことがグローバル化を深める……といった並進的な過程をともなうストレンジ・アトラクタ」を最大の特性とする。ともあれ、こうしてグローバル化が絶対的な規定因として存在し、「生活世界の植民地化、エージェントの高揚、リスクの増大を単線的に進める」といった線形的説明が打ち破られる。

ところで、みてきたような「非線形的な思考」と一体となって打ち出されているのが「創発」という概念である。それは、アーリによると、あらゆる種類の現象にみられる「集合的な特性」のことであり、「システムの構成要素がそれらのあいだの相互作用を通して『おのずから』……創り出す」ものである。この場合ポイントとなるのは、指摘されるような「集合的な特性」が「おのれの構成要素を越えるような、振る舞いの規則性」をはらんでいること、しかもそれが「(構成要素の) 合計がその部分部分のサイズよりも大きくなるというのではなく、その部分とは何かしら異なるシステム効果が存在する」ということである。これは平たくいうと、「多数のものは少数のものとは違った振る舞いをみせる〔がゆえに〕量の多なるは質の異なり」になるということである。

ともあれ、「集合的な特性」として把握される「創発という現象には、多数の存在の集列、群体、集合が欠かせない」のである。つまり「さまざまな種類のつながりが交互に並び合い、交わり合い、結び合い……全体の織地が決まる」(それ自体、「不均等で平衡から遠く離れた相互依存プロセスの諸集合としてある) というのが「創発」の基礎的過程である。そしてそれが「不可逆的、相互依存的、動的な特性」をメルクマールとするグローバル・システムの基底を織りなすことになるのである。「グローバルなもの」が「多様で、歴史的で、ばらばらで、不確実なもの」であり、「けっして完了したものではない」こと、畢竟、プリゴジンがいう「無秩序の海のなかにある無数の秩序の島の集まり」のようなものとしてあるのも、こうした創発によって説明することができるのである。とはいえ、こうした創発は

「十分に秩序づけられ平衡に向かうこともなければ、永続的なアナーキーに至ることもない」からこそ、つまり常に形成途上にある（＝「移動中」である）ゆえ、「動的な不安定性」をともなわざるをえない。詳述はさておき、われわれはこの「動的な不安定性」を避けて通ることはできないのである。

いずれにせよ、こうしてみると、創発として語られるものが実に奥深いことがわかる。「非線形的な思考」において、「都市」と「荒地」が相互作用する「乱流する『都市』」（の到来）が自明視されているように、グローバル化がその創発の機制ゆえに一方で可能性の宝庫に、そして他方で果てしないリスク社会（「世界リスク社会」）の迷路へと誘うものであることを、われわれはもはや否定することはできない。本書はそうした点で、複雑性科学に依拠して線形的社会科学の脱構築をめざすとともに、ポスト・グローバル化におけるあらたな社会秩序化のありようを模索する試みであるといえる。アーリは何よりも、創発の機制が世界を無秩序とカオスがせめぎあう地平に導いていることにたいして（われわれに）自覚的であることをもとめているように思われる。「グローバルな複雑性」という本書のタイトルは、まぎれもなくグローバル化研究の棚卸しというところから出発しているが、本書の理論射程はそれをはるかに凌駕して広がっている。

＊

本書はあらためて指摘するまでもないが、John Urry, *Global Complexity* (Cambridge: Polity, 2003) の全訳である。著者のアーリは、一九四六年にロンドンで生まれ、ケンブリッジ大学で経済学を専攻した後、一九七〇年に社会学で修士号、一九七二年に博士号を取得した。そして一九七〇年以降、ランカスター大学で教鞭を執っている。現在、同大学の社会学科教授（distinguished professor）をつとめている。同時に、英国王立芸術協会のフェローなどを併任。なお、現在に至るまでの研究歴については、先に述べたので繰り返さない。ちなみに、わが国でもよく知られているボブ・ジェソップは同僚である。

主な著書としては、本書を除いて次のようなものがある。

・*Reference Groups and the Theory of Revolution*（London & Boston: Routledge & K. Paul, 1973）
・*The Anatomy of Capitalist Societies: the Economy, Civil Society and the State*（London: Macmillan, 1981）〔清野正義監訳『経済・市民社会・国家——資本主義社会の解剖学』法律文化社、一九八六年〕
・*Capital, Labour, and the Middle Classes*（London & Boston: G. Allen & Unwin, 1983）（Nicholas Abercrombie と共著）
・*Social Relations and Spatial Structures*（New York: St. Martin's Press, 1985）（Derek Gregory と共編著）
・*The End of Organized Capitalism*（Cambridge: Polity, 1987）（Scott Lash と共著）
・*The Tourist Gaze: Leisure and Travel in Contemporary Societies*（London: Sage, 1990）〔加太宏邦訳『観光のまなざし——現代社会におけるレジャーと旅行』法政大学出版局、一九九五年〕
・*Economies of Signs and Space*（London: Sage, 1994）（Scott Lash と共著）
・*Consuming Places*（London: Routledge, 1995）〔吉原直樹・大澤善信監訳『場所を消費する』法政大学出版局、二〇〇三年〕
・*Contested Natures*（London: Sage, 1998）（Phil Macnaghten と共著）
・*Sociology beyond Societies: Mobilities for the Twenty-First Century*（London & New York: Routledge,

2000)〔吉原直樹監訳『社会を越える社会学——移動・環境・シチズンシップ』法政大学出版局、二〇〇六年、(新版)二〇一一年〕
・*Bodies of Nature* (London: Sage, 2001) (Phil Macnaghten との共編著)
・*Automobilities* (London: Sage, 2005) (Mike Featherstone らと共編著)〔近森高明訳『自動車と移動の社会学』法政大学出版局、二〇一〇年〕
・*Mobilities* (Cambridge: Polity, 2007)〔吉原直樹監訳『モビリティーズ——社会科学の移動論的転回』作品社、近刊〕
・*Climate Change and Society* (Cambridge: Polity, 2011)
・*Societies beyond Oil: Oil Dregs and Social Futures* (London: Zed Books, 2013)

最後に、本書が訳出されるまでの経過を簡単に記しておこう。本書の訳出はもともと、監訳者の二〇〇七年度の東北大学大学院の演習で輪読したことにはじまる。当初、輪読を終えた時点で法政大学出版局の支援を得て訳出することになっていた。しかしその後、監訳者の海外出張や煩瑣な校務が立て続けに入ってきた。さらに、分担することになっていたゼミナリステンの修士論文の作成や就職が重なり、当初の計画が大幅にのびてしまった。そこで体制を組み直してゼミナリステンの伊藤嘉高と板倉有紀が中心になって訳出をすすめることになった。ところが訳出の目処が立った段階で、今度は東日本大震災に遭遇して暗礁に乗り上げてしまった。しかもその直後に監訳者の勤務先が変わり、最終の段階に至るまでにさらに時間を費やすことになった。こうして六年近くの歳月がたった。

この間、グローバル化をめぐる論議は深化し、本書の内容はもはや新しいものとはいえなくなってしまった。けれども、本書の核をなす「グローカル・アトラクタ」等の概念は旧びるどころか、かえって光芒を放つようになっている。それらの含意するものについてはすでに触れているので、ここでは繰り返さない。ただ、その「今日性」については十分に検討されていい内容を含んでいる。

ちなみに、訳出分担は下記のとおりである。

序、第二～七章　伊藤嘉高

第一章　板倉有紀

なお、訳出には可能なかぎり各自の訳稿を反映させるようにしたが、全体の調整は監訳者がおこなった。したがって、大幅な遅延をはじめとして訳出にともなう最終的な責任は監訳者に帰せられる。

先にも記したように、本書の訳出は法政大学出版局の全面的な支援によって現実のものとなった。監訳者にとって、アーリの著作の訳業はこれで三冊目であるが、今回はとりわけ感慨深いものがある。遅延につぐ遅延で同出版局の勝康裕氏には多大なご迷惑をおかけした。にもかかわらず、常に暖かい励ましと助言をいただき、上梓にまでこぎつけることができた。末筆になったが、訳者を代表して、心から感謝を申し上げる次第である。

二〇一四年二月　会津若松市にて

吉原　直樹

索　　引

［サ　行］

参考文献

Abbott, A. 2001. *Time Matters*. Chicago: University of Chicago Press.

Adam, B. 1990. *Time and Social Theory*. Cambridge: Polity〔B. アダム『時間と社会理論』伊藤誓・磯山甚一訳，法政大学出版局，1997 年〕.

Adam, B. 1998. *Timescapes of Modernity*. London: Routledge.

Adam, B. 2000. 'The temporal gaze: The challenge for sociological theory in the context of GM foods', *British Journal of Sociology*, 51: 125–42.

Adam, B., Beck, U., and van Loon, J.（eds）2000. *The Risk Society and Beyond*. London: Sage.

Adams, J. 1995. *Risk*. London: UCL Press.

Albrow, M. 1996. *The Global Age*. Cambridge: Polity〔M. オルブロウ『グローバル時代の歴史社会論――近代を超えた国家と社会』会田彰・佐藤康行訳，日本経済評論社，2000 年〕.

Allan, S. 1997. 'Raymond Williams and the culture of televisual flow', in J. Wallace and S. Nield（eds）, *Raymond Williams Now: Knowledge, Limits and the Future*. London: Macmillan.

Anderson, A. 1997. *Media, Culture and the Environment*. London: UCL Press.

Appadurai, A. 1990. 'Disjuncture and difference in the global cultural economy', *Theory, Culture and Society*, 7: 295–310.

Appadurai, A. 1996. *Modernity at Large*. Minneapolis: Minneapolis University Press〔A. アパデュライ『さまよえる近代――グローバル化の文化研究』門田健一訳，平凡社，2004 年〕.

Archer, M. 1995. *Realist Social Theory*. Cambridge: Cambridge University Press.

Arquilla, J., and Ronfeldt, D. 2001. 'The advent of netwars（revisited）', in J. Arquilla and D. Ronfeldt（eds）, *Networks and Netwars*. Santa Monica: Rand.

Arthur, B. 1994a. *Increasing Returns and Path Dependence in the Economy*. Ann Arbor: University of Michigan Press〔B. アーサー『収益逓増と経路依存――複雑系の経済学』有賀裕二訳，多賀出版，2003 年〕.

Arthur, B. 1994b. 'Summary Remarks', in G. Cowan, D. Pines and D. Meltzer（eds）, *Complexity, Metaphors, Models and Reality*. Santa Fe Institute: Studies in the Sciences of Complexity Proceedings, vol. 19.

Augé, M. 1995. *Non-Places*. London: Verso.

Bachelard, G. 1942/1983. *Water and Dreams: An Essay on the Imagination of Matter*. Farrell, Dallas: Pegasus〔G. バシュラール『水と夢――物質の創造力についての試論』小浜俊郎・桜木泰行訳，国文社，1969 年〕.

Baker, P. 1993. 'Chaos, order, and sociological theory', *Sociological Inquiry*, 63: 123–49.

Bales, K. 1999. *Disposable People: New Slavery in the Global Economy*. Berkeley and Los Angeles: University of California Press.

Balkin, J. 1999. 'How mass media simulate political transparency', *Cultural Values*, 3: 393–413.

Barber, B. 1996. *Jihad vs McWorld*. New York: Ballantine〔B. バーバー『ジハード対マックワールド——市民社会の夢は終わったのか』鈴木主税訳，三田出版会，1997 年〕.

Baudrillard, J. 1983. *Simulations*. New York: Semiotext(e)〔J. ボードリヤール『シミュラークルとシミュレーション』竹原あき子訳，法政大学出版局，1984 年〕.

Bauman, Z. 2000. *Liquid Modernity*. Cambridge: Polity〔Z. バウマン『リキッド・モダニティ——液状化する社会』森田典正訳，大月書店，2001 年〕.

Beck, U. 1992. *Risk Society*. London: Sage〔U. ベック『危険社会——新しい近代への道』東廉・伊藤美登里訳，法政大学出版局，1988 年〕.

Beck, U. 1998. *World Risk Society*. Cambridge: Polity.

Beck, U. 2000. 'The cosmopolitan perspective: On the sociology of the second age of modernity', *British Journal of Sociology*, 51: 79–106.

Bhabha, H. 1992. 'Double Visions', *Artforum*. January: 82–90.

Biggs, M. 1998. 'Collective mobilization as self-reinforcing process: The organization of Chicago's working class in 1886', Harvard-Oxford-Stockholm Sociology Conference, April.

Billig, M. 1995. *Banal Nationalism*. London: Sage.

Boden, D. 2000. 'Worlds in action: Information, instantaneity and global futures trading', in B. Adam, U. Beck and J. van Loon (eds), *The Risk Society and Beyond*. London: Sage.

Boden, D., and Molotch, H. 1994. 'The compulsion to proximity', in R. Friedland and D. Boden (eds), *Nowhere: Space, Time and Modernity*. Berkeley, California: University of California Press.

Bogard, W. 1996. *The Simulation of Surveillance*. Cambridge: Cambridge University Press.

Bogard, W. 2000. 'Simmel in cyberspace: Strangeness and distance in postmodern communications', *Space and Culture*, 4/5: 23–46.

Brand, S. 1999. *The Clock of the Long Now*. London: Phoenix.

Braudel, F. 1973. *Capitalism and Material Life, 1400–1800*. New York: Harper & Row〔F. ブローデル『物質文明・経済・資本主義 15-18 世紀——世界時間 2』III-2，村上光彦訳，みすず書房，1999 年〕.

Brenner, N. 1997. 'Global, fragmented, hierarchical: Henri Lefebvre's geographies of globalization', *Public Culture*, 10: 135–68.

Brenner, N. 1999a. 'Beyond state-centrism? Space, territoriality, and geographical scale in globalization studies', *Theory and Society*, 28: 39–78.

Brenner, N. 1999b. 'Globalization as reterritorialisation: The re-scaling of urban governance in the European Union', *Urban Studies*, 36: 431–51.

Brunn, S., and Leinbach, R. (eds) 1991. *Collapsing Space and Time: Geographic Aspects of Communications and Information*. London: HarperCollins.

Budiansky, S. 1995. *Nature's Keepers*. London: Weidenfeld and Nicolson.

Burt, R. 1992. *Structural Holes*. Cambridge, Mass.: Harvard University Press〔R. バート『競争の社会的構造——構造的空隙の理論』安田雪訳，新曜社，2006 年〕.

Butler, J. 1993. *Bodies that Matter*. London: Routledge.

Byrne, D. 1997. 'Chaotic places or complex places', in S. Westwood and J. Williams (eds), *Imagining Cities*. London: Routledge.

Byrne, D. 1998. *Complexity Theory and the Social Sciences*. London: Routledge.

Cairncross, F. 1998. *The Death of Distance*. London: Orion.

Capra, F. 1996. *The Web of Life*. London: HarperCollins.

Capra, F. 2002. *The Hidden Connections: A Science for Sustainable Living*. London: HarperCollins.

Castells, M. 1996. *The Information Age, i. The Rise of the Network Society*. Oxford: Blackwell.

Castells, M. 1997. *The Information Age, ii. The Power of Identity*. Oxford: Blackwell.

Castells, M. 1998. *The Information Age, iii. End of Millennium*. Oxford: Blackwell.

Castells, M. 2000. 'Materials for an explanatory theory of the network society', *British Journal of Sociology*, 51: 5–24.

Castells, M. 2001. *The Internet Galaxy*. Oxford: Oxford University Press〔M. カステル『インターネットの銀河系——ネット時代のビジネスと社会』矢澤修次郎・小山花子訳，東信堂，2009 年〕.

Casti, J. 1994. *Complexification*. London: Abacus〔J. L. キャスティ『複雑性とパラドクス——なぜ世界は予測できないのか？』佐々木光俊訳，白揚社，1996 年〕.

Chase-Dunn, C., Kawano, Y., and Brewer, B. 2000. 'Trade globalization since 1795: Waves of integration in the world-system', *American Sociological Review*, 65: 77–95.

Cilliers, P. 1998. *Complexity and Post-Modernism*. London: Routledge.

Clark, N. 2000. ' "Botanizing on the asphalt"? The complex life of cosmopolitan bodies', *Body and Society*, 6: 13–34.

Clifford, J. 1992. 'Travelling cultures', in L. Grossberg et al. (eds), *Cultural Studies*. Berkeley and Los Angeles: University of California Press.

Clifford, J. 1997. *Routes*. Cambridge, Mass.: Harvard University Press〔J. クリフォード『ルーツ——20 世紀後期の旅と翻訳』毛利嘉孝ほか訳，月曜社，2002 年〕.

Cohen, J., and Arato, A. 1992. *Civil Society and Political Theory*. Cambridge, Mass., and London: MIT Press.

Cohen, J., and Stewart, I. 1994. *The Collapse of Chaos*. Harmondsworth: Penguin.

Cohen, R. 1997. *Global Diasporas*. London: UCL Press〔R. コーエン『グローバル・ディアスポラ』角谷多佳子訳，明石書店，2001 年〕.

Cohen, S. 2001. *States of Denial*. Cambridge: Polity.

Colborn, T., Meyers, J., and Dumanoski, D. 1996. *Our Stolen Future: How Man-Made Chemicals are Threatening our Fertility, Intelligence and Survival*. Boston: Little, Brown & Company.

Cosgrove, D. 1994. 'Contested global visions: One-world, whole-earth, and the Apollo space photographs', *Annals of the Association of American Geographers*, 84: 270–94.

Coveney, P. 2000. ‘A clash of doctrines: The arrow of time in modern physics’, in P. Baert (ed.), *Time in Contemporary Intellectual Thought*. Amsterdam: Elsevier.

Coveney, P., and Highfield, R. 1990. *The Arrow of Time*. London: Flamingo〔P. コヴニー／R. ハイフィールド『時間の矢，生命の矢』野本陽代訳，草思社，1995 年〕.

Cwerner, S. 2000. ‘The chronopolitan ideal: Time, belonging and globalization’, *Time and Society*, 2/3: 331–45.

Davies, P. 2001a. ‘Before the Big Bang’, *Prospect*, June: 56–9.

Davies, P. 2001b. *How to Build a Time Machine*. London: Allen Lane〔P. デイヴィス『タイムマシンをつくろう！』林一訳，草思社，2003 年〕.

Davis, M. 2000a. *Ecology of Fear*, London: Picador.

Davis, M. 2000b. *Magical Urbanism*. London: Verso.

Dayan, D., and Katz, E. 1992. *Media Events: The Live Broadcasting of History*. Cambridge, Mass.: Harvard University Press.

De Landa, M. 1997. *A Thousand Years of Nonlinear History*. New York: Swerve.

Delanty, G. 2000. *Citizenship in a Global Age*. Buckingham: Open University Press〔G. デランティ『グローバル時代のシティズンシップ——新しい社会理論の地平』佐藤康行訳，日本経済評論社，2004 年〕.

Deleuze, G., and Guattari, F. 1986. *Nomadology*. New York: Semiotext(e).

Deleuze, G., and Guattari, F. 1988. *A Thousand Plateaus: Capitalism and Schizophrenia*. London: Athlone Press〔G. ドゥルーズ／F. ガタリ『千のプラトー』宇野邦一ほか訳，河出書房新社，1994 年〕.

Dicken, P., Kelly, P., Old, K., and Yeung, H. 2001. ‘Chains and networks, territories and scales: Towards a relational framework for analysing the global economy’, *Global Networks*, 1: 89–112.

Diken, B. 1998. *Strangers, Ambivalence and Social Theory*. Aldershot: Ashgate.

Dillon, M. 2000. ‘Poststructuralism, complexity and poetics’, *Theory, Culture and Society*, 17: 1–26.

Dionne, E. 1998. ‘Swoosh: Public shaming nets results’, *International Herald Tribune*, 15 May, 11.

Duffield, M. 2001. *Global Governance and the New Wars*. London and New York: Zed Books.

Durkheim, E. 1915/1968. *The Elementary Forms of the Religious Life*. London: George Allen & Unwin〔E. デュルケム『宗教生活の原初形態』上・下，古野清人訳，岩波書店，1975 年〕.

Eatwell, J., and Taylor, L. 2000. *Global Finance at Risk*. New York: New Press〔I. L. イートウェル、L. J. テイラー『金融グローバル化の危機——国際金融規制の経済学』岩本武和・伊豆久訳，藤原書店，2001 年〕.

Eco, U. 1986. *Travels in Hyper-Reality*. London: Picador.

Elster, J. 1985. *Making Sense of Marx*. Cambridge: Cambridge University Press.

Emirbayer, M. 1997. ‘Manifesto for a relational sociology’, *American Journal of Sociology*, 103: 281–317.

Emirbayer, M., and Mische, A. 1998. 'What is agency?', *American Journal of Sociology*, 103: 962-1023.

Eve, R., Horsfall, S., and Lee, M. (eds) 1997. *Chaos, Complexity, and Sociology*. Thousand Oaks, Calif.: Sage.

Eyerman, R., and Jamison, A. 1991. *Social Movements: A Cognitive Approach*. Cambridge: Polity.

Featherstone, M. 1993. 'Global and local cultures', in J. Bird et al. (eds), *Mapping the Futures: Local Cultures, Global Change*. London: Sage.

Featherstone, M. 2000. 'Archiving cultures', *British Journal of Sociology*, 51: 161-84.

Foucault, M. 1977. *Discipline and Punish*. London: Allen Lane〔M. フーコー『監獄の誕生』田村俶訳，新潮社，1977 年〕.

Fox Keller, E. 1985. *Reflections on Gender and Science*. New Haven: Yale University Press〔E. フォックス・ケラー『ジェンダーと科学——プラトン、ベーコンからマクリントックへ』幾島幸子・川島慶子訳，工作舎，1993 年〕.

Francis, R. 1993. 'Chaos, order, sociological theory: a comment', *Sociological Theory*, 63: 239-42.

Franklin, S., Lury, C., and Stacey, J. 2000. *Global Nature, Global Culture*. London: Sage.

Friedman, T. 2000. *The Lexus and the Olive Tree*. London: Harper〔T. フリードマン『レクサスとオリーブの木——グローバリゼーションの正体』上・下，東江一紀・服部清美訳，草思社，2000 年〕.

Fukuyama, F. 1992. *The End of History and the Last Man*. Harmondsworth: Penguin〔F. フクヤマ『歴史の終わり』上・下，渡部昇一訳，三笠書房，1992 年〕.

Game, A. 1998. 'Travel', *International Sociology*, 13: 41-58.

Gates, B. 1999. *Business @ the Speed of Thought: Using a Digital Nervous System*. Harmondsworth: Penguin〔B. ゲイツ『思考スピードの経営——デジタル経営教本』大原進訳，日本経済新聞社，2000 年〕.

Giddens, A. 1984. *The Constitution of Society*. Cambridge: Polity.

Giddens, A. 1990. *The Consequences of Modernity*. Stanford, Calif: Stanford University Press〔A. ギデンズ『近代とはいかなる時代か？——モダニティの帰結』松尾精文・小幡正敏訳，而立書房，1993 年〕.

Giddens, A., and Hutton, W. 2000. 'Anthony Giddens and Will Hutton in conversation', in W. Hutton and A. Giddens (eds), *On the Edge: Living with Global Capitalism*. London: Jonathan Cape.

Gilbert, N. 1995. 'Emergence in social simulation', in N. Gilbert and R. Conte (eds), *Artificial Societies*. London: UCL Press.

Gille, Z. 2000. 'Cognitive cartography in a European wasteland', in M. Burawoy et al. (eds), *Global Ethnography*. Berkeley and Los Angeles: University of California Press.

Gitlin, T. 1980. *The Whole World is Watching*. Berkeley and Los Angeles: University of California Press.

Gladwell, M. 2000. *The Tipping Points: How Little Things can Make a Big Difference*. Boston:

Little, Brown & Company〔M. グラッドウェル『ティッピング・ポイント——いかにして「小さな変化」が「大きな変化」を生み出すか』高橋啓訳，飛鳥新社，2000 年〕.
Gladwell, M. 2002. *The Tipping Point*. Boston: Black Bay Books.
Gleick, J. 1988. *Chaos*. London: Sphere.
Goerner, S. 1994. *Chaos and the Evolving Ecological Universe*. Amsterdam: Gordon & Breach.
Goldman, P., and Papson, S. 1998. *Nike Culture: The Sign of the Swoosh*. London: Sage.
Goldthorpe, J. 2000. *On Sociology*. Oxford: Oxford University Press.
Graham, S., and Marvin, S. 2001. *Splintering Urbanism*. London: Routledge.
Granovetter, M. 1983. 'The strength of weak ties: A network theory revisited', *Sociological Theory*, 1: 203–33.
Gray, J. 2001. 'The era of globalization is over', *New Statesman*, 24 September.
Habermas, J. 2001. *The Postnational Constellation*. Cambridge: Polity.
Hardt, M., and Negri, A. 2000. *Empire*. Cambridge, Mass.: Harvard University Press〔A. ネグリ／M. ハート『〈帝国〉』水嶋一憲ほか訳，以文社，2003 年〕.
Havel, V. 1990. *Am Anfang war das Wort: Texte von 1969 bis 1990*. Reinbek bei Hamburg: Rowohlt〔V. ハヴェル『反政治のすすめ』飯島周監訳，恒文社，1991 年〕.
Harvey, D. 1996. *Justice, Nature and the Geography of Difference*. Oxford: Blackwell.
Harvey, D. 2000. *Spaces of Hope*. Edinburgh: Edinburgh University Press.
Harvey, P. 1996. *Hybrids of Modernity*. London: Routledge.
Hawken, P., Lovins, A., and Lovins, L. H. 1999. *Natural Capitalism*. London: Earthscan.
Hawking, S. 1988. *A Brief History of Time*. London: Bantam〔S. ホーキング『ホーキング，宇宙を語る——ビッグバンからブラックホールまで』林一訳，早川書房，1989 年〕.
Hayles, N. K.（ed.）1991. *Chaos and Order: Complex Dynamics in Literature and Science*. Chicago: University of Chicago Press.
Hayles, N. K. 1999. *How We Became Posthuman*. Chicago: University of Chicago Press.
Hebdige, D. 1990. 'Fax to the future', *Marxism Today*, January: 18–23.
Held, D., McGrew, A., Goldblatt, D., and Perraton, J. 1999. *Global Transformations*. Cambridge: Polity〔D. ヘルドほか『グローバル・トランスフォーメーションズ——政治・経済・文化』古城利明ほか訳，中央大学出版部，2006 年〕.
Helmreich, S. 2000. 'Life @ Sea: Networking people, polities, and Planet Earth through marine diversity and biotechnology', School of American Research Seminar, Santa Fe, New Mexico, April-May.
Hirst, P., and Thompson, G. 1996. *Globalization in Question*. Cambridge: Polity.
Hoskins, A. 2001. 'Mediating time: The temporal mix of television', *Time and Society*, 10: 213–33.
Ignatieff, M. 2000. *Virtual War*. London: Chatto & Windus〔M. イグナティエフ『ヴァーチャル・ウォー——戦争とヒューマニズムの間』金田耕一ほか訳，風行社，2003 年〕.
Imken, O. 1999. 'The convergence of virtual and actual in the Global Matrix', in M. Crang, P. Crang and J. May（eds）, *Virtual Geographies*. London: Routledge.

Ingold, T. 1993. 'Globes and spheres: The topology of environment', in K. Milton (ed.), *Environmentalism: The View from Anthropology*. London: Routledge.

Jasper, J. 1997. *The Art of Moral Protest: Culture, Biography and Creativity in Social Movements*. Chicago and London: University of Chicago Press.

Jervis, R. 1997. *System Effects*. Princeton: Princeton University Press〔R. ジャービス『複雑性と国際政治——相互連関と意図されざる結果』荒木義修ほか訳，ブレーン出版，2008 年〕.

Jessop, B. 2000. 'The crisis of the national spatio-temporal fix and the tendential ecological dominance of globalizing capitalism', *International Journal of Urban and Regional Research*, 24: 323–60.

Jordan, J. 1998. 'The art of necessity: The subversive imagination of anti-road protest and Reclaim the Streets', in G. McKay (ed.), *DiYCulture: Part and Protest in Nineties Britain*. London and New York: Verso.

Kaplan, C. 1996. *Questions of Travel*. Durham, UNCS: Duke University Press〔C. カプラン『移動の時代——旅からディアスポラへ』村山淳彦訳，未來社，2003 年〕.

Kauffman, S. 1993. *The Origins of Order*. New York: Oxford University Press.

Keck, M., and Sikkink, K. 1998. *Activists beyond Borders*. Ithaca, NY: Princeton University Press.

Keil, L., and Elliott, E. (eds) 1996. *Chaos Theory in the Social Sciences*. Ann Arbor: University of Michigan Press.

Keil, R. 1998. 'Globalization makes states: Perspectives of local governance in the age of the world city', *Review of International Political Economy*, 5: 616–46.

Kelly, K. 1995. *Out of Control: The New Biology of Machines*. London: Fourth Estate〔K. ケリー『「複雑系」を超えて——システムを永久進化させる 9 つの法則』福岡洋一・横山亮訳，アスキー，1999 年〕.

Kelly, K. 1998. *New Rules for the New Economy*. London: Fourth Estate〔K. ケリー『ニューエコノミー勝者の条件——ウィナー・テイク・オール時代のマーケティング 10 則』酒井泰介訳，ダイヤモンド社，1999 年〕.

Kern, S. 1983. *The Culture of Time and Space, 1880–1914*. London: Weidenfeld & Nicolson〔S. カーン『時間の文化史——時間と空間の文化：1880-1918／上巻』，『空間の文化史——時間と空間の文化：1880-1918／下巻』浅野敏夫・久郷丈夫訳，法政大学出版局，1993 年〕.

King, A. 1996. 'Worlds in the city: Manhattan transfer and the ascendance of spectacular space', *Planning Perspectives*, 11: 97–114.

Klein, N. 2000. *No Logo*. London: Flamingo〔N. クライン『ブランドなんか，いらない——搾取で巨大化する大企業の非情』松島聖子訳，はまの出版，2001 年〕.

Klein, N. 2001. 'Reclaiming the Commons', *New Left Review. Second Series*, 9: 81–9.

Knorr-Cetina, K. 1997. 'Sociality with objects: Social relations in postsocial knowledge societies', *Theory, Culture and Society*, 14: 1–30.

Krugman, P. 1996. *The Self-Organizing Economy*. Cambridge, Mass.: Blackwell〔J. クルー

グマン『自己組織化の経済学――経済秩序はいかに創発するか』北村行伸・妹尾美起訳，東洋経済新報社，1997 年〕.
Kwa, C. 2002. 'Romantic and baroque conceptions of complex wholes in the sciences', in J. Law and A. Mol (eds), *Complexities: Social Studies of Knowledge Practices*, Durham, NC: Duke University Press.
Lash, S. 1999. *Another Modernity: A Different Rationality*. Oxford: Blackwell.
Lash, S. 2000. 'Risk culture', in B. Adam, U. Beck and J. van Loon (eds), *The Risk Society and Beyond*. London: Sage.
Lash, S., and Urry, J. 1987. *The End of Organized Capitalism*. Cambridge: Polity.
Lash, S., and Urry, J. 1994. *Economies of Signs and Space*. London: Sage.
Latour, B. 1993. *We Have Never Been Modern*. Hemel Hempstead: Harvester Wheatsheaf〔B. ラトゥール『虚構の「近代」――科学人類学は警告する』川村久美子訳，新評論，2008 年〕.
Latour, B. 1999. 'On recalling ANT', in J. Law and J. Hassard (eds), *Actor Network Theory and After*. Oxford: Blackwell/Sociological Review.
Latour, B. 2000. 'When things strike back: A possible contribution of "science studies" to the social sciences', *British Journal of Sociology*, 51: 107–24.
Law, J. 1994. *Organizing Modernity*. Oxford: Blackwell.
Law, J. 2000. 'Ladbroke Grove, or how to think about failing systems', *Dept of Sociology*, Lancaster University.
Law, J., and Hetherington, K. 1999. 'Materialities, spatialities, globalities', *Dept of Sociology*, Lancaster University.
Law, J., and Mol, A. 2000. 'Situating technoscience: an inquiry into spatialities', *Dept of Sociology*, Lancaster University.
Lefebvre, H. 1991. *The Production of Space*. Oxford: Blackwell〔H. ルフェーヴル『空間の生産』斎藤日出治訳，青木書店，2000 年〕.
Levitt, P. 2001. *The Transnational Villagers*. Berkeley and Los Angeles: University of California Press.
Leyshon, A., and Thrift, N. 1997. *Money/Space*. London: Routledge.
Lodge, D. 1983. *Small World*. Harmondsworth: Penguin〔D. ロッジ『小さな世界――アカデミック・ロマンス』高儀進訳，白水社，1986 年〕.
Luhmann, N. 1990. *Essays on Self-Reference*. New York: Columbia University Press〔N. ルーマン『自己言及性について』土方透・大澤善信訳，国文社，1996 年〕.
Luhmann, N. 1995. *Social Systems*. Stanford, Calif.: Stanford University Press〔N. ルーマン『社会システム理論』上・下，佐藤勉監訳，恒星社厚生閣，1993，1995 年〕.
Luke, T. 1995. 'New world order or neo-world orders: Power, politics and ideology in informationalizing glocalities', in M. Featherstone, S. Lash and R. Robertson (eds), *Global Modernities*. London: Sage.
Lukes, S. 1973. *Power: A Radical View*. London: Macmillan〔S. ルークス『現代権力論批判』中島吉弘訳，未來社，1995 年〕.

Lyotard, J.-F. 1991. *The Inhuman: Reflections on Time*. Cambridge: Polity〔J. -F. リオタール『非人間的なもの――時間についての講話』篠原資明訳，法政大学出版局，2002年〕.

Maasen, S., and Weingart, P. 2000. *Metaphors and the Dynamics of Knowledge*. London: Routledge.

McCarthy, A. 2001. *Ambient Television*. Durham and London: Duke University Press.

McCrone, D. 1998. *The Sociology of Nationalism*. London: Routledge.

McKay, G. 1998. *DiY Culture: Party and Protest in Nineties Britain*. London and New York: Verso.

Macnaghten, P., and Urry, J. 1998. *Contested Natures*. London: Sage.

Mahoney, J. 2000. 'Path dependence in historical sociology', *Theory and Society*, 29: 507–48.

Maier, C. 1994. 'A surfeit of memory? Reflections of history, melancholy and denial', *History and Memory*, 5: 136–52.

Majone, G. 1994. 'The rise of the regulatory state in Europe', *West European Politics*, 17: 77–101.

Majone, G. 1996. *Regulating Europe*. London: Routledge.

Makimoto, T., and Manners, D. 1997. *Digital Nomad*. Chichester: John Wiley〔牧本次生／D. マナーズ『デジタル遊牧民――サイバーエイジのライフスタイル』工業調査会，1998 年〕.

Malpas, J., and Wickham, G. 1995. 'Governance and failure: On the limits of sociology', *Australian and New Zealand Journal of Sociology*, 31: 37–50.

Mann, M. 1997. 'Has globalization ended the rise of the nation-state?', *Review of International Political Economy*, 4: 472–96.

Martin, H.-P., and Schumann, H. 1997. *The Global Trap*. London: Zed.

Marx, K., and Engels, F. 1848/1952. *The Manifesto of the Communist Party*. Moscow: Foreign Languages〔K. マルクス／F. エンゲルス『共産党宣言』大内兵衛・向坂逸郎訳，岩波書店，1951 年〕.

Maturana, H. 1981. Autopoeisis', in M. Zeleny (ed.), *Autopoeisis: A Theory of Living Organization*. New York: North Holland.

Medd, W. 2000. 'Complexity in the Wild'. Ph.D. Dept of Sociology, Lancaster University.

Meek, J. 2001. 'Why the management of a Danish hearing-aid maker may hold the key to stopping Bin Laden', *Guardian*, 18 October.

Melucci, A. 1996. *Challenging Codes: Collective Action in the Information Age*. Cambridge: Cambridge University Press.

Menon, M. 1997. 'Effects of modern science and technology on relations between nations', in J. Rotblat (ed.), *World Citizenship: Allegiance to Humanity*. London: Macmillan.

Meyer, J., Boli, J., Thomas, G., and Ramirez, F. 1997. 'World society and the nation-state', *American Journal of Sociology*, 103: 144–81.

Meyerowitz, J. 1985. *No Sense of Place*. New York: Oxford University Press〔J. メイロウィッツ『場所感の喪失――電子メディアが社会的行動に及ぼす影響』上，安川一ほか訳，新曜社，2003 年〕.

Mingers, J. 1995. *Self Producing Systems*. New York: Plenum.

Mol, A., and Law, J. 1994. 'Regions, networks and fluids: Anaemia and social topology', *Social Studies of Science*, 24: 641–71.

Monbiot, G. 2000. *Captive State: The Corporate Takeover of Britain*. London: Macmillan.

Morse, M. 1998. *Virtualities*. Bloomington, Ind.: Indiana University Press.

Motavalli, J. 2000. *Forward Drive*. San Francisco: Sierra Club.

Mouzelis, N. 1995. *Sociological Theory*. London: Routledge.

Murdoch, J. 1995. 'Actor-networks and the evolution of economic forms: Combining description and explanation in theories of regulation, flexible specialisation, and networks', *Environment and Planning A*, 27: 731–57.

Negroponte, N. 1995. *Being Digital*. New York: Alfred A. Knopf〔N. ネグロポンテ『ビーイング・デジタル――ビットの時代』福岡洋一訳, アスキー, 1995 年〕.

Nguyen, D. 1992. 'The spatialisation of metric time', *Time and Society*, 1: 29–50.

Nicolis, G. 1995. *Introduction to Non-Linear Science*. Cambridge: Cambridge University Press.

North, D. 1990. *Institutions, Institutional Change and Economic Performance*. Cambridge: Cambridge University Press〔D. ノース『制度・制度変化・経済成果』竹下公視訳, 晃洋書房, 1994 年〕.

Ó Riain, S. 2000. 'Net-working for a living: Irish software developers in the global market place', in M. Burawoy et al.（eds）, *Global Ethnography*. Berkeley and Los Angeles: University of California Press.

Ohmae, K. 1992. *The Borderless World*. London: Fontana〔大前研一『ボーダレス・ワールド』田口統吾訳, プレジデント社, 1990 年〕.

Ong, A., and Nonini, D.（eds）1997. *Ungrounded Empires*. London: Routledge.

Papastergiadis, N. 2000. *The Turbulence of Migration*. Cambridge: Polity.

Parsons, T. 1960. *Structure and Process in Modern Societies*. New York: Free Press.

Parsons, T. 1971. *The System of Modern Societies*. New Jersey: Prentice-Hall〔T. パーソンズ『近代社会の体系』井門富二夫訳, 至誠堂, 1977 年〕.

Pascoe, D. 2001. *Airspaces*. London: Reaktion Books.

Perkman, M. 2000. 'Euroregions: Strategies of institution-building in the new European polity'. Ph.D., Dept of Sociology, Lancaster University.

Perrow, C. 1999. *Normal Accidents*. Princeton: Princeton University Press.

Peters, T. 1992. *Liberation Management*. London: Macmillan.

Plant, S. 1997. *Zeros and Ones*. London: Fourth Estate.

Power, M. 1994. *The Audit Explosion*. London: Demos〔M. パワー『監査社会――検証の儀式化』國部克彦・堀口真司訳, 東洋経済新報社, 2003 年〕.

Prigogine, I. 1997. *The End of Certainty*. New York: Free Press〔I. プリゴジン『確実性の終焉――時間と量子論、二つのパラドクスの解決』安孫子誠也・谷口佳津宏訳, みすず書房, 1984 年〕.

Prigogine, I., and Stengers, I. 1984. *Order out of Chaos*. London: Heinemann〔I. プリゴジン／I. スタンジェール『混沌からの秩序』伏見康治・伏見譲・松枝秀明訳, みすず書房, 1987 年〕.

Rapoport, A. 1997. 'The dual role of the nation state in the evolution of world citizenship', in J. Rotblat (ed.), *World Citizenship: Allegiance to Humanity*. London: Macmillan.

Rasch, W., and Wolfe, C. (eds) 2000. *Observing Complexity*. Minneapolis: University of Minnesota Press.

Reed, M., and Harvey, D. 1992. 'The new science and the old: Complexity and realism in the social sciences', *Journal for the Theory of Social Behaviour*, 22: 353–80.

Rescher, N. 1998. *Complexity*. New Brunswick, NJ: Transaction Publishers.

Richards, J., Wilson, S., and Woodhead, L. (eds) 1999. *Diana: The Making of a Media Saint*. London: I. B. Tauris.

Rifkin, J. 2000. *The Age of Access*. Harmondsworth: Penguin〔J. リフキン『エイジ・オブ・アクセス——アクセスの時代』松田銑訳，早川書房，2001 年〕.

Ritzer, G. 1992. *The McDonaldization of Society*. London: Pine Forge〔G. リッツァ『マクドナルド化する社会』正岡寛司訳，早稲田大学出版部，1999 年〕.

Ritzer, G. 1997. ' "McDisneyization" and "post-tourism": Complementar, perspectives on contemporary tourism', in C. Rojek and J. Urry (eds) *Touring Cultures*. London: Routledge.

Ritzer, G. 1998. *The McDonaldization Thesis*. London: Sage〔G. リッツァ『マクドナルド化の世界——そのテーマは何か』正岡寛司訳，早稲田大学出版部，2001 年〕.

Robertson, R. 1992. *Globalization: Social Theory and Global Culture*. London: Sage〔R. ロバートソン『グローバリゼーション——地球文化の社会理論』部分訳，阿部美哉訳，東京大学出版会，1997 年〕.

Roche, M. 2000. *Mega-Events and Modernity*. London: Routledge.

Roderick, I. 1997. 'Household sanitation and the flows of domestic space', *Space and Culture*, 1: 105–32.

Rojek, C., and Urry J. (eds) 1997. *Touring Cultures*. London: Routledge.

Ronfeldt, D. 2001. 'Social science at 190 mph on Nascar's biggest super speedway', *First Monday* (firstmonday.org/issues/issue 5–2: 10 Sept 2001).

Rose, N. 1996. 'Refiguring the territory of government', *Economy and Society*, 25: 327–56.

Rosenberg, J. 2000. *The Follies of Globalization Theory*. London: Verso.

Rotblat, J. 1997a. 'Preface, Executive Overview', in J. Rotblat (ed.) *World Citizenship: Allegiance to Humanity*. London: Macmillan.

Rotblat, J. (ed.) 1997b. *World Citizenship: Allegiance to Humanity*. London: Macmillan.

Roy, A. 1997. *The God of Small Things*. London: Flamingo〔A. ロイ『小さきものたちの神』工藤惺文訳，DHC，1998 年〕.

Rushkoff, D. 1994. *Cyberia: Life in the Trenches of Hyperspace*. London: Flamingo〔D. ラシュコフ『サイベリア——デジタル・アンダーグラウンドの現在形』大森望訳，アスキー，1995 年〕.

Rycroft, R., and Kash, D. 1999. *The Complexity Challenge*. London: Pinter.

Sayer, A. 2000. 'System, lifeworld and gender: associational versus counterfactual thinking', *Sociology*, 34: 705–25.

Scannell, P. 1996. *Radio, Television and Modern Life*. Oxford: Blackwell.

Scholte, J. A. 2000. *Globalization: A Critical Introduction*. Basingstoke Macmillan.

Shaw, M. 1994. *Global Society and International Relations: Sociological Concepts and Political Perspectives*. Cambridge: Polity〔M. ショー『グローバル社会と国際政治』高屋定國・松尾眞訳，ミネルヴァ書房，1997 年〕.

Sheller, M. 2000. 'The mechanisms of mobility and liquidity: Re-thinking the movement in social movements', ISA/BSA Study Group on Protest and Social Movements, Manchester, November.

Sheller, M., and Urry, J. 2000. 'The city and the car', *International Journal of Urban and Regional Research*, 24: 737–57.

Sheller, M., and Urry J. 2003. 'Mobile transformations of "public" and "private" life', *Theory, Culture and Society*, 20: 107–25.

Shields, R. 1997. 'Flow as a new paradigm', *Space and Culture*, 1: 1–4.

Shiva, V. 1989. *Staying Alive*. London: Zed〔V. シヴァ『生きる歓び――イデオロギーとしての近代科学批判』熊崎実訳，築地書館，1994 年〕.

Sklair, L. 2001. *The Transnational Capitalist Class*. Oxford: Blackwell.

Slater, D. 2001. 'Markets, materiality and the "new economy" ', paper given to 'Geographies of New Economies' Seminar, Birmingham, UK, October.

Spencer, H. 1876/1893. *The Principles of Sociology, i*. London: Williams & Norgate〔H. スペンサー『社会学之原理』藤井宇平訳，経済雑誌社，1882 年〕.

Stevenson, N. 1997. 'Globalization, national cultures and cultural citizenship', *Sociological Quarterly*, 38: 41–66.

Stewart, A. 2001. *Theories of Power and Domination*. London: Sage.

Stewart, I. 1989. *Does God Play Dice? The Mathematics of Chaos*. Oxford: Blackwell〔I. スチュアート『カオス的世界像――非定形の理論から複雑系の科学へ』須田不二夫・三村和男訳，白揚社，1998 年〕.

Stewart, P. 2001. 'Complexity theories, social theory, and the question of social complexity', *Philosophy of the Social Sciences*, 31: 323–60.

Strange, S. 1986. *Casino Capitalism*. Oxford: Blackwell〔S. ストレンジ『カジノ資本主義』小林襄治訳，岩波書店，2007 年〕.

Swyngedouw, E. 1992. 'Territorial organization and the space/technology nexus', *Transactions, Institute of British Geographers*, 17: 417–33.

Szerszynski, B. 1997. 'The varieties of ecological piety', *Worldviews: Environment, Culture, Religion*, 1: 37–55.

Szerszynski, B., and Urry, J. 2001. 'Visual citizenship?', in L. Short (ed.), *Cityshape, Landscape*. Carlisle: Carlisle College of Art and Design.

Thompson, J. 1995. *The Media and Modernity*. Cambridge: Polity.

Thompson, J. 2000. *Political Scandal: Power and Visibility in the Media Age*. Cambridge: Polity.

Thrift, N. 1999. 'The place of complexity', *Theory, Culture and Society*, 16: 31–70.

Thrift, N. 2001. 'The machine in the ghost: Software writing cities', Hegemonies Conference,

Centre for Science Studies, Lancaster University.
Tomlinson, J. 1999. *Globalization and Culture*. Cambridge: Polity〔J. トムリンソン『グローバリゼーション――文化帝国主義を超えて』片岡信訳，青土社，2000 年〕.
UN Commission on Global Governance 1995. *Our Global Neighbourhood: The Report of the Commission on Global Governance*. Oxford: Oxford University Press〔グローバルガバナンス委員会『地球リーダーシップ――新しい世界秩序をめざして』京都フォーラム監訳，日本放送出版協会，1995 年〕.
UNDP 2000. *Human Development Report*. CD Rom. New York: UN〔UNDP 国連開発計画『人間開発報告書 2000　人権と人間開発』国際協力出版会，2000 年〕.
Urry, J. 1990. *The Tourist Gaze*. London: Sage〔J. アーリ『観光のまなざし――現代社会におけるレジャーと旅行』加太宏邦訳，法政大学出版局，1995 年〕.
Urry, J. 1995. *Consuming Places*. London: Routledge〔J. アーリ『場所を消費する』吉原直樹・大澤善信監訳，法政大学出版局，2003 年〕.
Urry, J. 2000a. 'Mobile sociology', *British Journal of Sociology*, 51: 185–203.
Urry, J. 2000b. *Sociology beyond Societies*. London: Routledge〔J. アーリ『社会を越える社会学――移動・環境・シチズンシップ』吉原直樹監訳，法政大学出版局，2006 年〕.
Urry, J. 2001. *The Tourist Gaze*. 2nd edn. London: Sage.
Urry, J. 2002a. 'Globalizing the academy', in K. Robins and F. Webster (eds), *The Virtual University? Information, Markets and Managements*. Oxford: Oxford University Press.
Urry, J. 2002b. 'Mobility and proximity', *Sociology*, 36: 255–74.
Van Loon, J. 2002. *Risk and Technological Culture: Towards a Sociology of Virulence*. London: Routledge.
Volkmer, I. 1999. *News in the Global Sphere: A Study of CNN and its Impact on Global Communication*. Luton: University of Luton Press.
Walby, S. 1999. 'The new regulatory state: The social powers of the European Union', *British Journal of Sociology*, 50: 118–40.
Walby, S. 2001. 'From coalition to community: The politics of recognition as the handmaiden of the politics of redistribution', *Theory, Culture and Society*, 18: 113–35.
Walby, S. forthcoming. *Global Waves/National Pathways*. London: Sage.
Waldron, J. 1995. 'Minority cultures and the cosmopolitan alternative', in W. Kymlicka (ed.), *The Rights of Minority Cultures*. Oxford: Oxford University Press.
Waldrop, M. 1994. *Complexity*. London: Penguin〔D. ワールドロップ『複雑系――科学革命の震源地・サンタフェ研究所の天才たち』田中三彦・遠山峻征訳，新潮社，2000 年〕.
Wallerstein, I. 1996. *Open the Social Sciences: Report of the Gulbenkian Commission on the Restructuring of the Social Sciences*. Stanford, Calif: Stanford University Press〔I. ウォーラーステイン『社会科学をひらく』山田鋭夫訳，藤原書店，1996 年〕.
Watson, J. 1997. 'Transnationalism, localization, and fast foods in East Asia', in J. Watson (ed.), *Golden Arches East*. Stanford, Calif.: Stanford University Press.
Watts, D. 1999. *Small Worlds*. Princeton: Princeton University Press〔D. ワッツ『スモール

ワールド――ネットワークの構造とダイナミクス』栗原聡・福田健介・佐藤進也訳，東京電機大学出版局，2006 年〕.
Weiss, L. 1998. *The Myth of the Powerless State*. Cambridge: Polity.
Wellman, B. 2001. 'Physical space and cyberspace: The rise of personal networking', *International Journal of Urban and Regional Research*, 25: 227–52.
White, H. 1992. *Identity and Control*. Princeton: Princeton University Press.
White, H. 1995. 'Network switchings and Bayesian forks: Reconstructing the social and behavioural sciences', *Social Research*, 62: 1035–63.
Williams, R. 1973. *The Country and the City*. London: Chatto & Windus〔R. ウィリアムズ『田舎と都会』山本和平訳，晶文社，1985 年〕.
Williams, R. 1974. *Television: Technology and Cultural Form*. London: Fontana.
Williams, R. 1977. *Marxism and Literature*. Oxford: Oxford University Press.
WTO 2000. *World Tourism Organisation Database*. www.world-tourism.org.
Wynne, B. 1994. 'Scientific knowledge and the global environment', in M. Redclift and T. Benton (eds), *Social Theory and the Global Environment*. London: Routledge.
Yang, M. Mei-hui. 1997. 'Mass media and transnational subjectivity in Shanghai: Notes on (re)cosmopolitanism in a Chinese metropolis', in A. Ong and D. Nonini (eds), *Ungrounded Empires*. London: Routledge.
Yuval-Davis, N. 1997. 'National Spaces and Collective Identities: Borders, Boundaries, Citizenship and Gender Relations'. Inaugural Lecture, University of Greenwich.
Zohar, D. 1990. *The Quantum Self*. Harper Perennial.
Zohar, D., and Marshall, L. 1994. *The Quantum Society*. New York: William Morrow〔D. ゾーハー『クォンタム・セルフ――意識の量子物理学』中島健訳，青土社，1991 年〕.

《叢書・ウニベルシタス　1011》
グローバルな複雑性

2014年３月31日　　初版第１刷発行

ジョン・アーリ
吉原直樹　監訳
伊藤嘉高・板倉有紀　訳

発行所　一般財団法人 法政大学出版局
〒102-0071 東京都千代田区富士見2-17-1
電話03(5214)5540 振替00160-6-95814
製版，印刷：平文社／製本：積信堂

Printed in Japan

ISBN978-4-588-01011-8

著　者

ジョン・アーリ（John Urry）

1946 年ロンドン生まれ。ケンブリッジ大学で経済学を専攻した後，1970 年に社会学で修士号，1972 年に博士号を取得。1970 年以降，ランカスター大学で教鞭を執り，現在，同大学の社会学科教授（distinguished professor）をつとめている。同時に，英国王立芸術協会のフェローなどを併任。邦訳に，『経済・市民社会・国家』（清野正義監訳，法律文化社，1986 年），『観光のまなざし』（加太宏邦訳，法政大学出版局，1995 年），『場所を消費する』（吉原直樹・大澤善信監訳，法政大学出版局，2003 年），『社会を越える社会学』（吉原直樹監訳，法政大学出版局，2006 年；新版 2011 年），『自動車と移動の社会学』（M. フェザーストン，N. スリフトと共編，近森高明訳，法政大学出版局，2010 年），近著に，*Mobilities*（Cambridge: Polity, 2007），*Climate Change and Society*（Cambridge: Polity, 2011），*Societies beyond Oil: Oil Dregs and Social Futures*（London: Zed Books, 2013）などがある。

監訳者

吉原　直樹（よしはら　なおき）

1948 年生まれ。1977 年，慶應義塾大学大学院社会学研究科博士課程修了。社会学博士。東北大学名誉教授。大妻女子大学社会情報学部教授。主著に『「原発さま町」からの脱却』（岩波書店，2013 年），『コミュニティ・スタディーズ』（作品社，2011 年），『モビリティと場所』（東京大学出版会，2008 年），『開いて守る』（岩波ブックレット，2007 年），『都市とモダニティの理論』（東京大学出版会，2002 年），『都市空間の社会理論』東京大学出版会，1994 年）など。監訳に，J. アーリ『場所を消費する』（法政大学出版局，2003 年），J. アーリ『社会を越える社会学』（法政大学出版局，2006 年）など。

訳　者

伊藤　嘉高（いとう　ひろたか）

1980 年生まれ。2007 年，東北大学大学院文学研究科博士後期課程修了。博士（文学）。山形大学大学院医学系研究科助教。主要論文に「生と死のあいだ――都市高齢者の孤独に向き合う医療と介護」（吉原直樹・近森高明編『都市のリアル』有斐閣，2013 年），「自治体病院再編に対する住民サイドからの事後検証」（『日本医療・病院管理学会誌』第 49 巻 4 号，2012 年）など。翻訳に J. アーリ『社会を越える社会学』（吉原直樹監訳，法政大学出版局，2006 年）。

板倉　有紀（いたくら　ゆき）

東北大学大学院文学研究科博士後期課程在籍。主要論文に「災害研究の展開と『女性の視点』――東日本大震災と『ヴァルネラビリティ』概念」（『社会学研究』第 93 号，2014 年），「東日本大震災における『支援』と『ケア』――『ニーズの多様性』と保健師職能」（『社会学年報』第 42 号，2013 年）など。